U0881423

Cacaform
Birds

Chapter
Ⅰ
IMAGES

便形鸟

影像

朱赢椿

Zhu Yingchun

广西师范大学出版社
·桂林·

FOREWORD

Birds are a favorite subject of many photographers. Their beautiful exterior and disparate behavior patterns often attract the notice of natural history lovers. Records of birds made by human beings can be traced to prehistorical times, but cacaform birds are not among the 10,000+ kinds of birds that have already been discovered.

Cacaform birds come in many configurations, and their temperaments show wide variety. Some are attractive in appearance, and some have ugly features. Some are mild-tempered, but some are obstreperous and ill-tempered. Some love to soar in the sky, and some are good at running on land.

The sight of a cacaform bird may be considered inauspicious at times; people avoid it like the plague, and if it falls on someone's hat or clothes it will be met with curses. Perhaps you are lucky and have never encountered a cacaform bird; perhaps you are curious and want to see a cacaform bird for yourself. Actually they are often right beside you. Just keep a calm mind, walk slowly, slip out of your psychosomatic constraints, and rid yourself of preconceived notions. If you can get back your childlike self and renew your curiosity, you will discover cacaform birds among rubble and tile shards, along walls and roadsides. Their appearance is determined by the eye of the discoverer.

This photo album includes a total of 66 images. Some were photographed in the vicinity of my studio, and some were snapped impromptu on my travels. Along with native specimens, I also have exotic birds from Germany, France, England and Japan. Some of the photos were treated with photo-editing techniques.

With regards to cacaform birds, you don't need to do search through reference books for verification, and you don't have to grapple with questions of whether the photos are conceptual or realistic. After looking through this album of images, along with the appended explanations, your doubts will be resolved and you will enter into the world of cacaform birds.

Zhu Yingchun

September 2017

前言

鸟无疑是众多摄影师喜爱拍摄的对象，它们美丽的外貌和迥异的习性也常为博物爱好者所关注。人类对鸟的记录，可以追溯到史前。但在至今已发现的一万多种鸟类中，便形鸟不在其中。

便形鸟形态多样，性情也各不相同。有的外形俊美，有的相貌丑陋；有的性格温顺，也有的嚣张乖戾；有的喜爱翱翔天际，还有的长于陆上奔跑。

看到便形鸟，有时是不吉的。如果它落在人的衣帽上，必遭咒骂，唯恐避之不及。

也许您很幸运，从未遇到过便形鸟。也许您很好奇，想一睹便形鸟的模样。它们其实就在你我身边，只要平心静气，缓步慢行，摆脱身心束缚，抛弃成见。若能让自己找回孩童时代，重新拾起好奇心，你会发现，便形鸟就在颓垣瓦砾上，墙脚道路旁。而它们的形貌，则取决于发现者的眼睛。

这部影像集共收录便形鸟照片66幅。有些是我在工作室周围拍摄，还有些是在旅途中偶遇抓拍。除了本土的，也有德法英日等国的域外之鸟。部分照片，我对其进行了后期的艺术加工和技术处理。

关于便形鸟，您无需费时到典籍文献中考证，也不必纠结于这些照片到底是纪实还是观念。在读完本书的图谱和揭秘部分后，关于便形鸟的种种疑惑自会解开。

走进便形鸟的世界吧。

朱嬴椿

二〇一七年九月

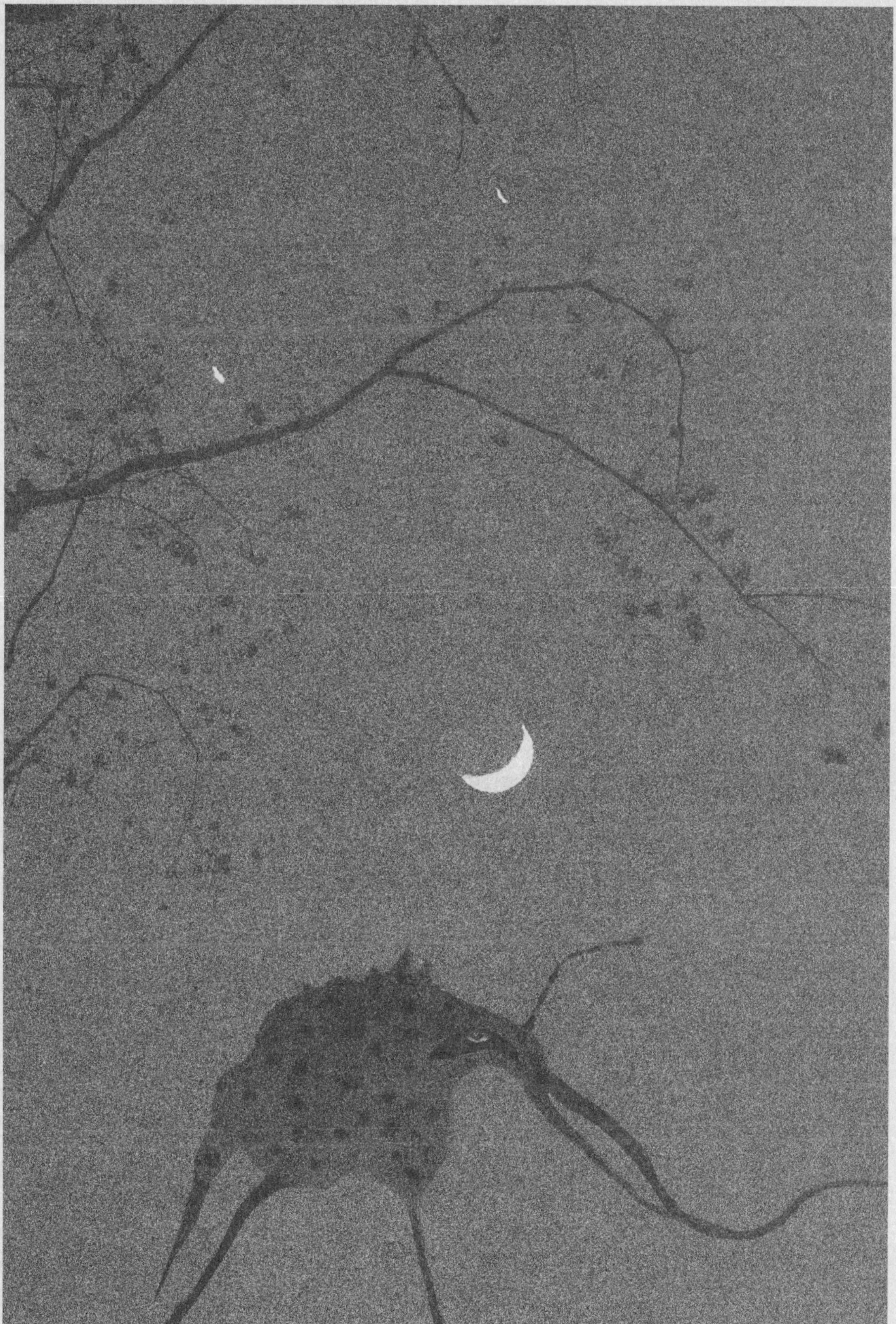

POLICE
POLICE
MON

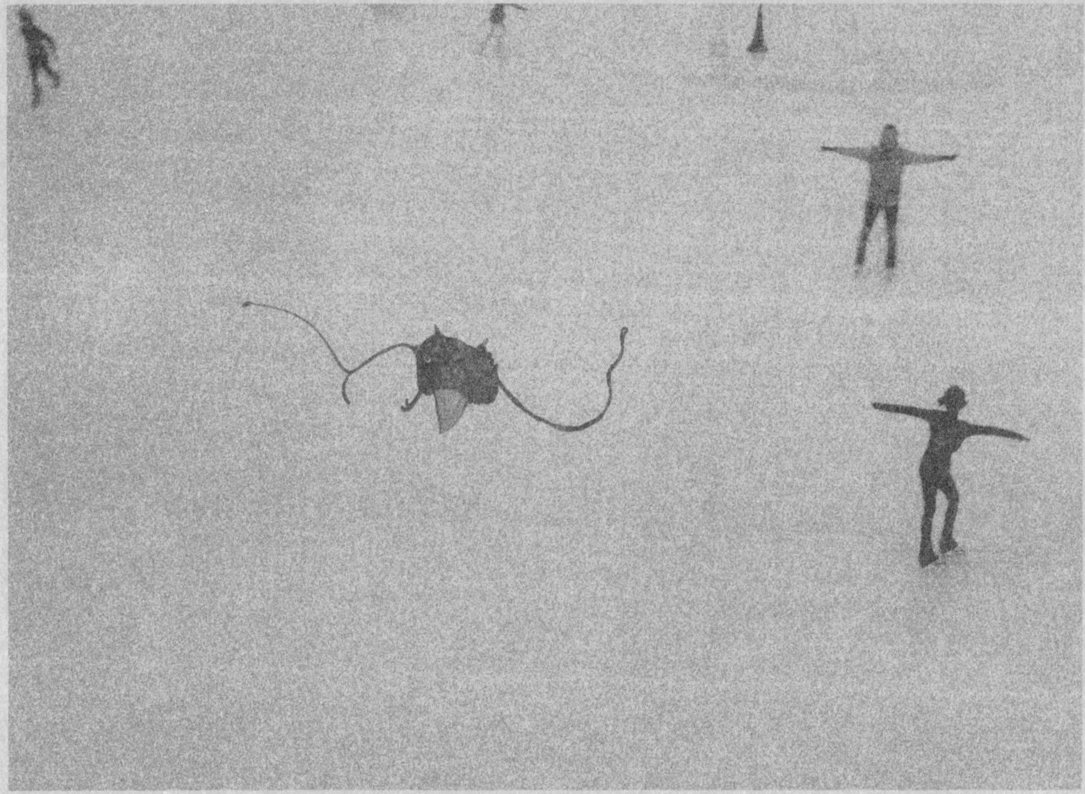

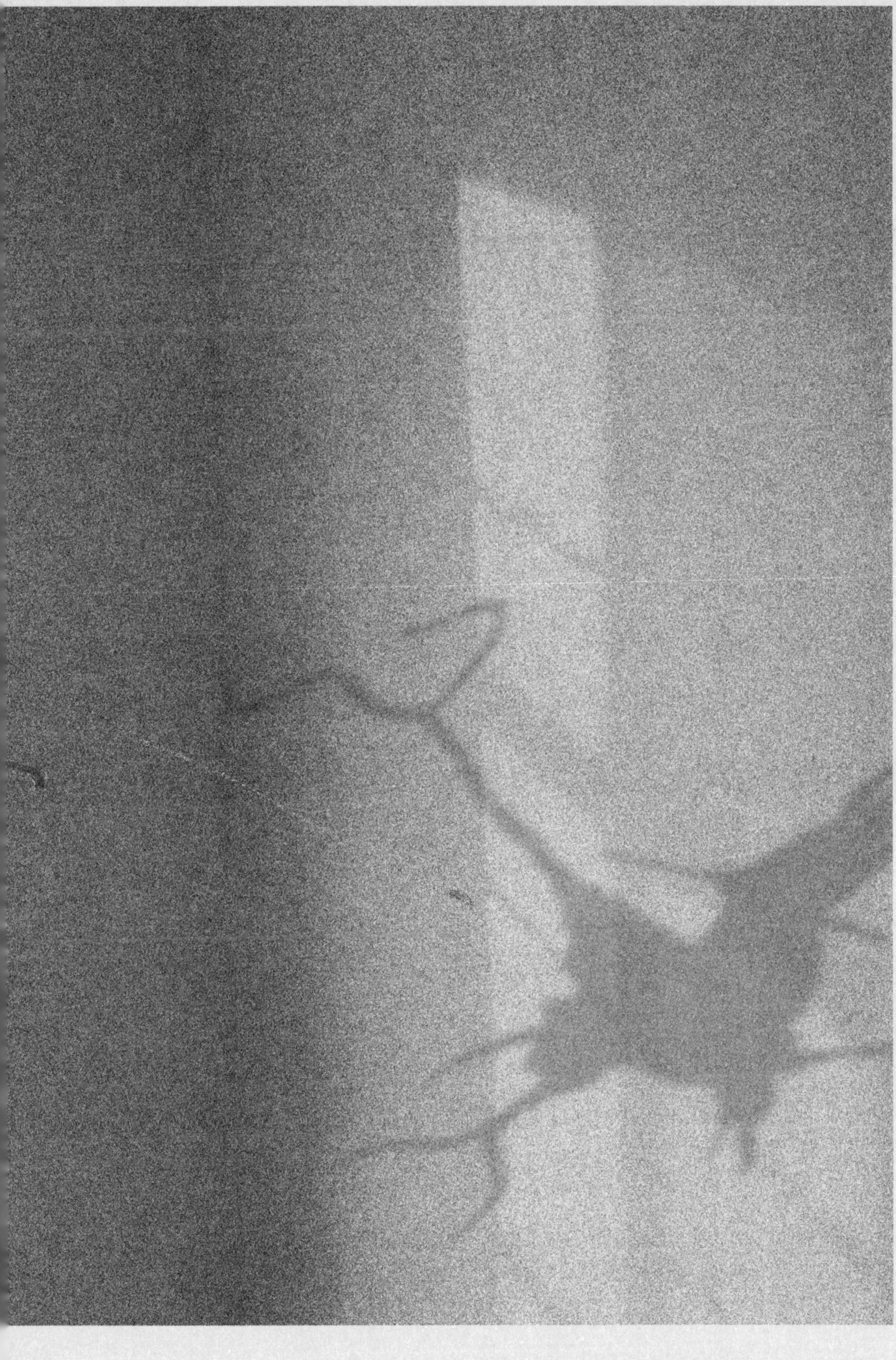

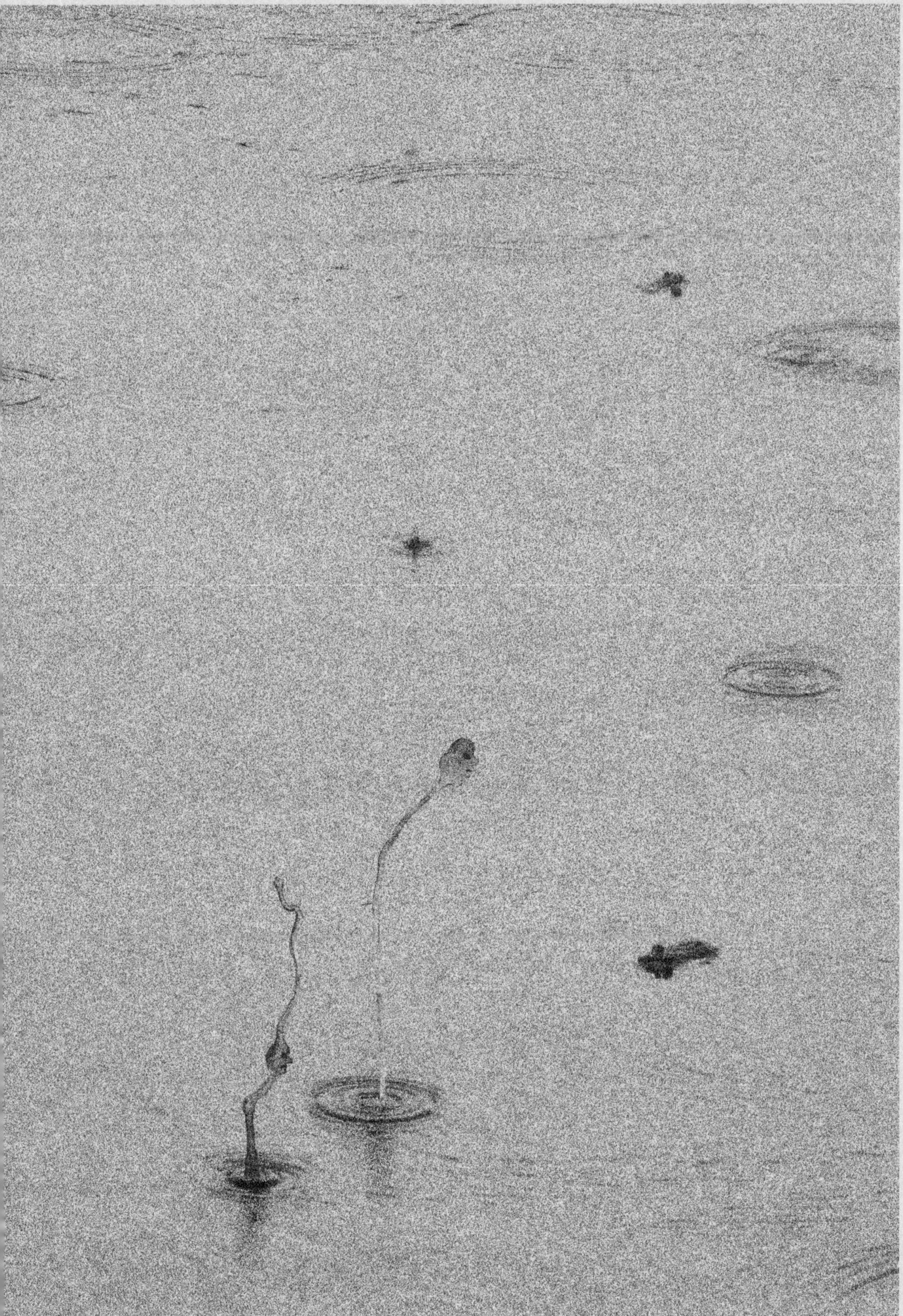

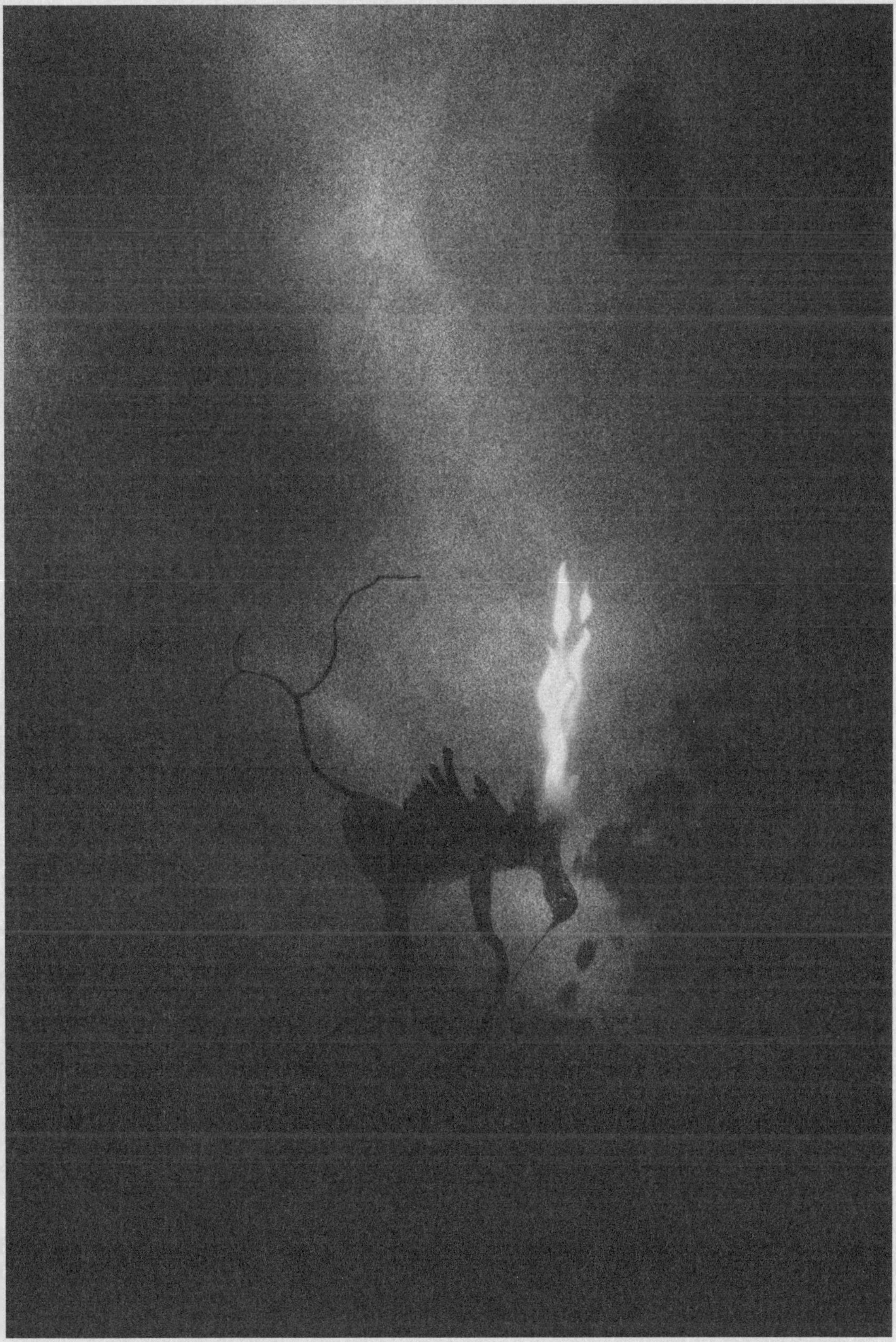

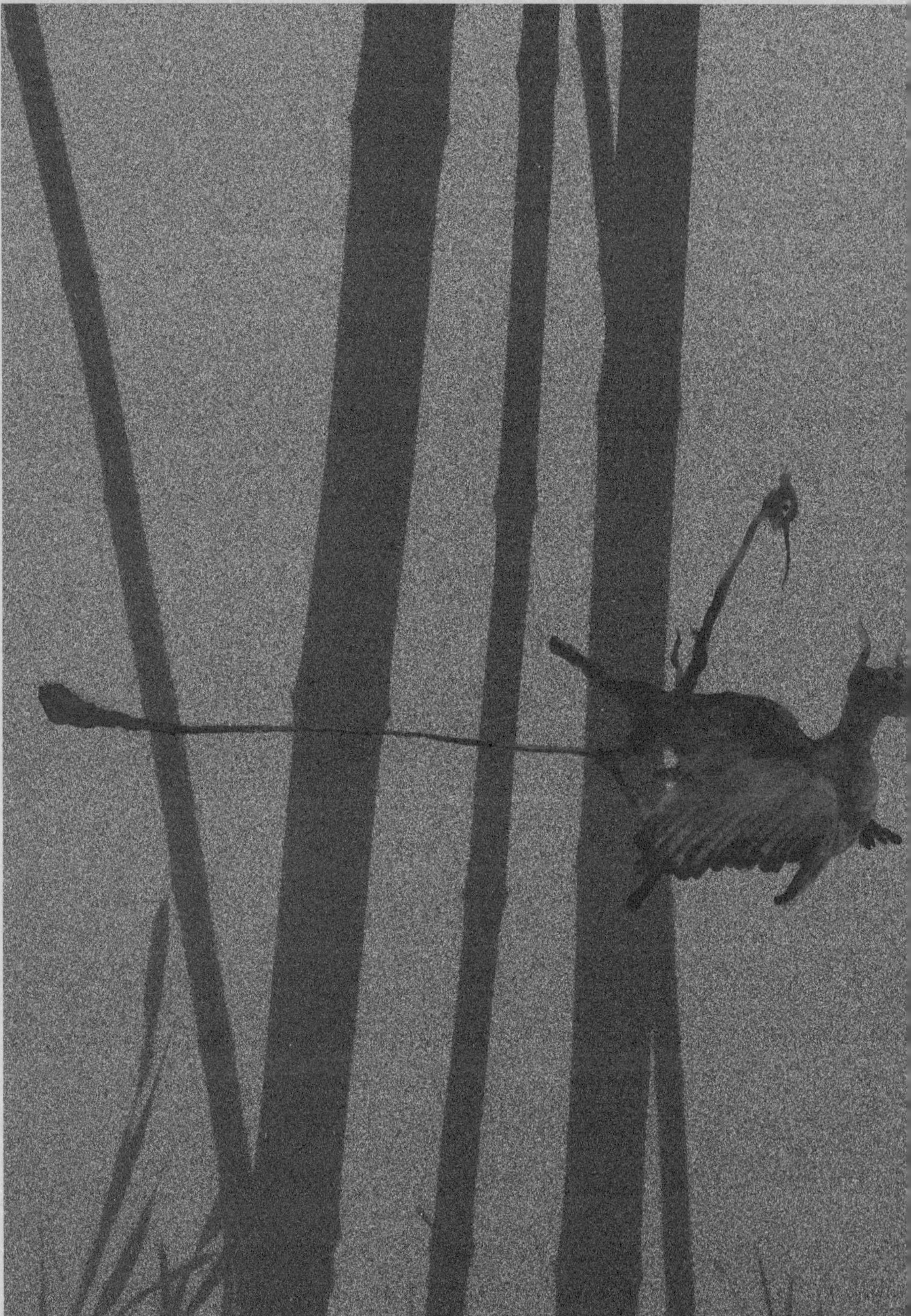

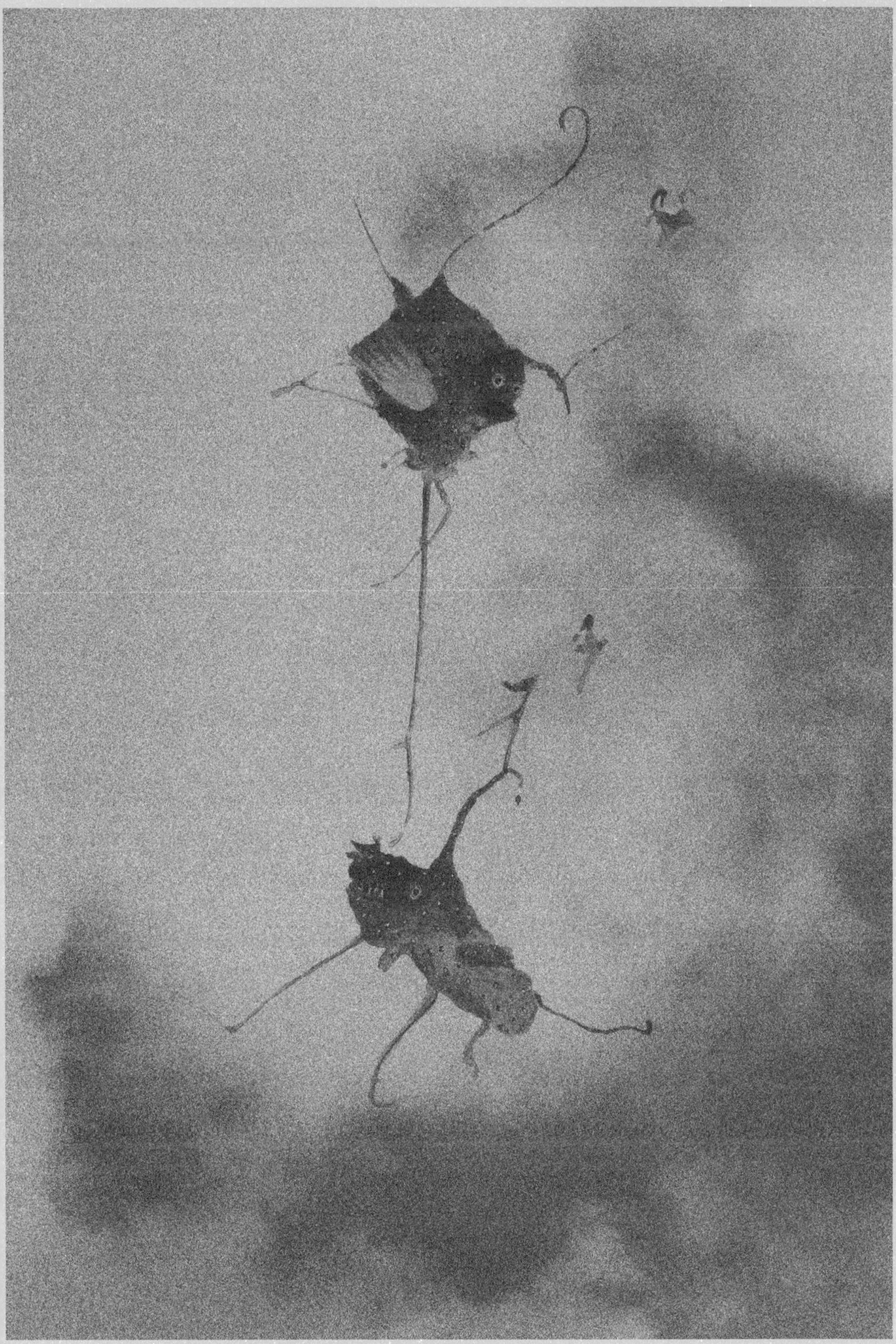

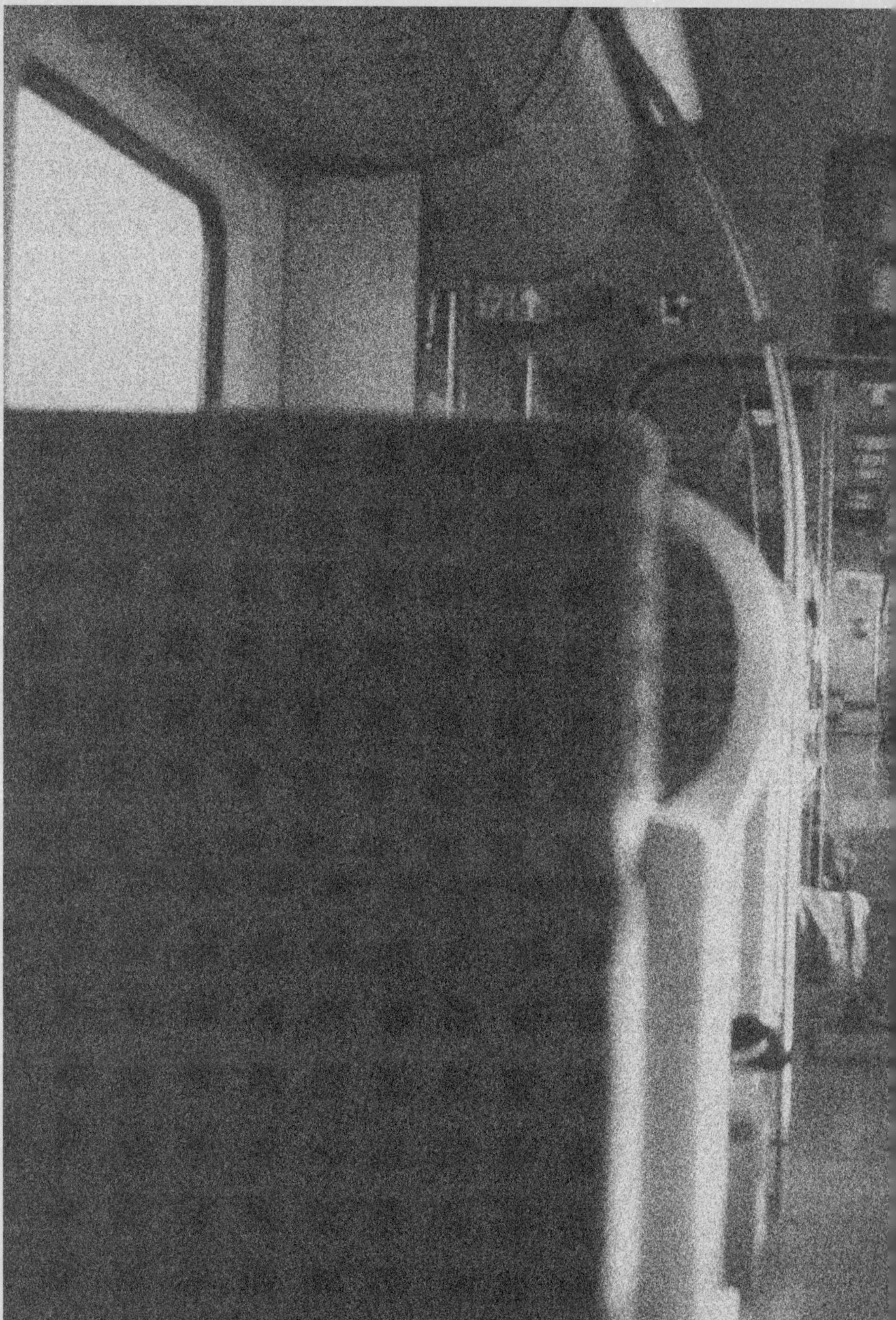

005

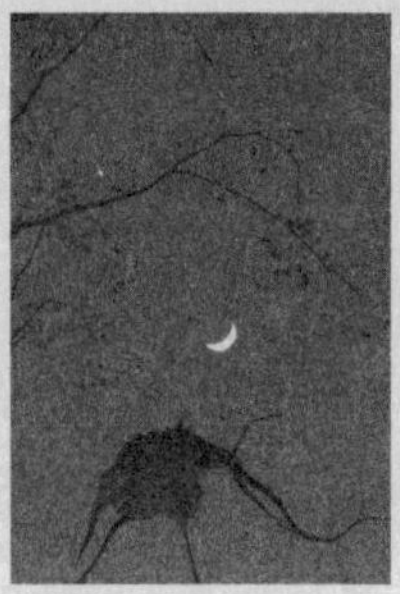

探赜

Probamaze

Paris, France

007

叆叇

Cloudadore

Paris, France

008

赋形

Mimetiform

Nanjing, China

009

缅邈

Obscurelurk

Paris, France

011

骇然

Frightbringer

Paris, France

012

绿瞳

Greenseer

Nanjing, China

013

婉绮

Gauzewinder

Nanjing, China

015

瘅恶

Glowerspite

Paris, France

016-017

吟霞

Roseyglow-warbler

Berlin, Germany

018

诋讥

Jeerilaugh

Leipzig, Germany

019

摛藻

Renderfine

Berlin, Germany

020-021

啮山
Hillgnawer
Nanjing, China

022

茕
Gregaria
Berlin, Germany

023

巽懦
Gentle-Cringe
Leipzig, Germany

024-025

驱魇
Mare-away
Nanjing, China

026

大喜
Ecstasia
Berlin, Germany

027

训虫
Beetlecoach
Berlin, Germany

028-029

闻风
Scentabreeze
Yangzhou, China

030

眄
Viewblight
Nanjing, China

031

退飞
Backflight
Paris, France

032-033

形陋
Shoddyshape
Nanjing, China

034

形痰
Sputiform
Huaian, China

035

衔羽
Plumebearer
Nanjing, China

036-037

嚭 + 凸鸡

Maloptima+Mirechick

Nanjing, China

038

跨踔

Hoppertigibbit

Huaian, China

039

四首

Quadricephalon

Yangzhou, China

041

穿窬

Burglebird

Beijing, China

042

洗羽

Cleansefeather

Yangzhou, China

043

微吟廉纤

Warblefloss

Yangzhou, China

044-045

剔梳

Pickypreen

Nanjing, China

046

恻怛

Empathia

Nanjing, China

047

嘉辞

Eloquencia

Nanjing, China

048-049

揣歪

Malwita

Tokyo, Japan

050

悬浮

Suspensiva

Paris, France

051

一足

Uni-ped

Paris, France

052-053

颉颃
Soarswoop
Shiga, Japan

054-055

颉颃
Soarswoop
Shiga, Japan

057

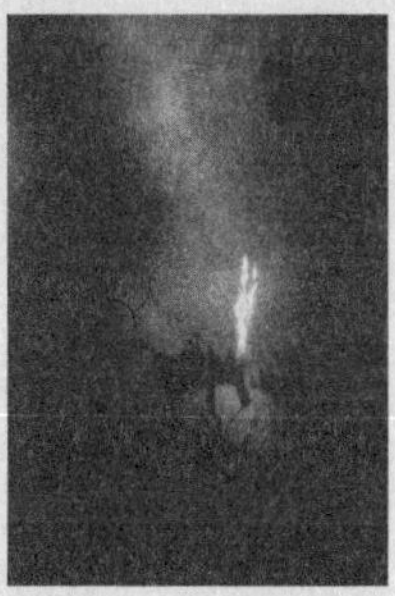

照空
Illumivoid
Yunnan, China

058-059

四目
Four-eyes
London, England

061

纵意
Wishindulge
Paris, France

062

觉浪
Waveaware
Qingdao, China

063

觉浪
Waveaware
Paris, France

064-065

恐疑
Phobi-dread
Jena, Germany

067

吐纳
Breathedeep
Zhejiang, China

068

辵
Inchmore
Yangzhou, China

069

厌明

Shunnlight

Huaian, China

070-071

毷氉

Hirsutazoid

Jiangxi, China

072-073

逐奇

Wonderchase

Paris, France

074

凸目獠牙

Bulge-eye Fang-tooth

Nanjing, China

075

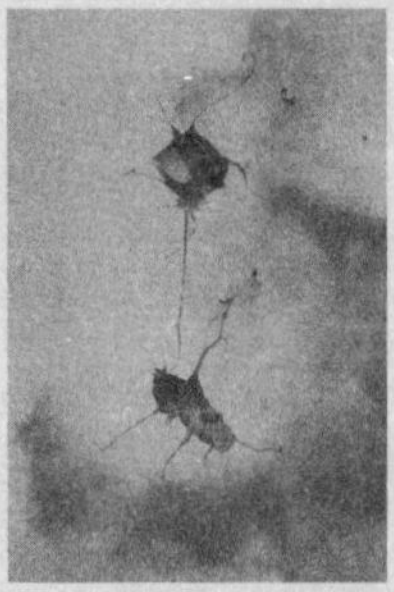

瞀

Blindsight

Beijing, China

076-077

守株＋空桑

＋玄默＋刍荛能见

＋奇节＋根移

Trunkwatcher+Mulberry-gone

+Stilldark+Strawfinder

+Articulata Marvelosa+Shiftyroot

Changzhou, China

079

猥獕

Obnoxia

Paris, France

080-081

招怫

Vexifer

Nanjing, China

082

驴鸣

Donkeybray

Yunnan, China

083

涕泣

Snivelsob

Nanjing, China

084-085

悲号
Wailaway
Yangzhou, China

087

捶挞
Patterpound
London, England

088-089

渥恩
Marshymuse
Yangzhou, China

091

弥缝
Stitchwell
Nanjing, China

092-093

弥缝
Stitchwell
Nanjing, China

094-095

藏面
Hideface
Berlin, Germany

096

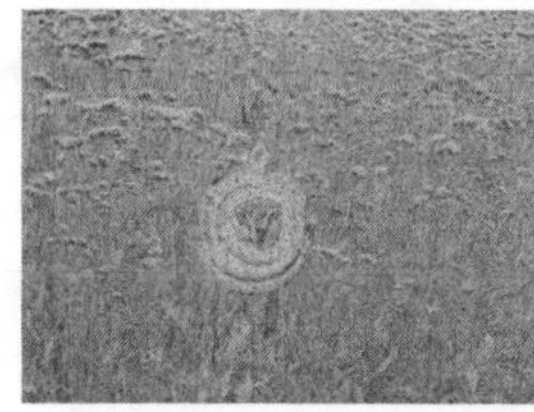

偰缓
Saunterplush
Nanjing, China

097

玄目
Darkeye
Yangzhou, China

098-099

喜暗
Crepuscuphile
Paris, France

100-101

栖惶
Perch-no-rest
Paris, France

103

松上
On-a-pine
Nagano, Japan

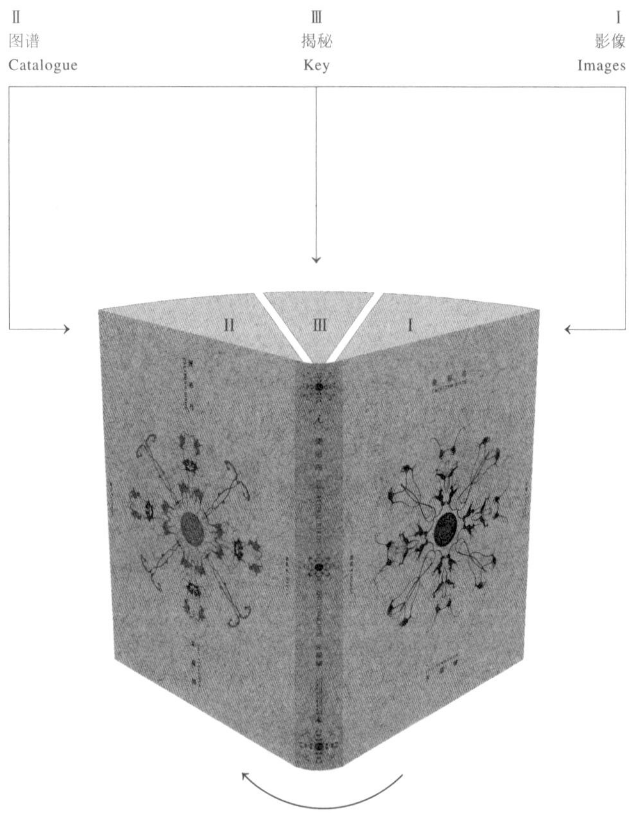

请按示例图顺序，继续阅读《便形鸟·图谱》，了解什么是便形鸟。

Please follow the instruction above to read this book and turn to Chapter Ⅱ.

Finding an answer to the question “What are the Cacaform Birds”.

当您阅读完《便形鸟·影像》与《便形鸟·图谱》后，

请展开此页，继续阅读《便形鸟·揭秘》。

便形鸟

CACAFORM BIRDS

揭秘

CHAPTER Ⅲ KEY

Please open the seal after reading the Chapter Ⅰ and Chapter Ⅱ,

See how to be Cacaform Birds.

如有图像或场景引起您的不适，本书作者深表歉意！

I sincerely apologize if any images or scene cause your discomfort.

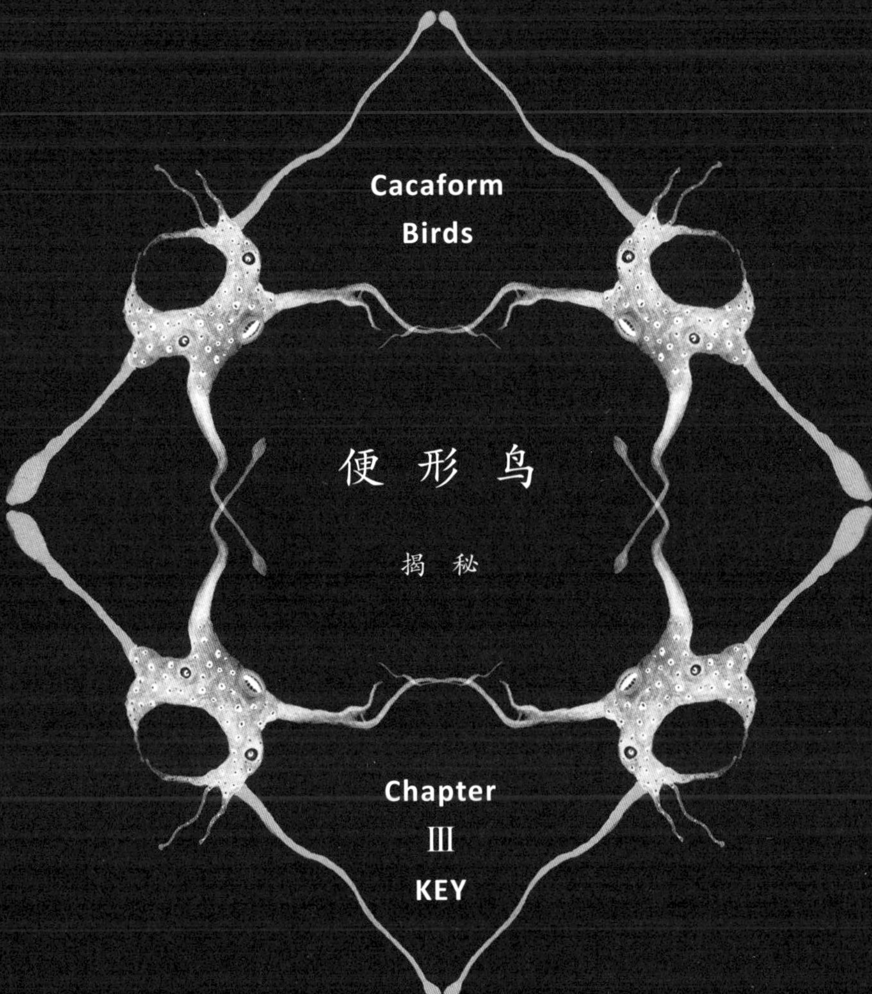

Cacaform Birds

便形鸟

揭秘

Chapter

Ⅲ

KEY

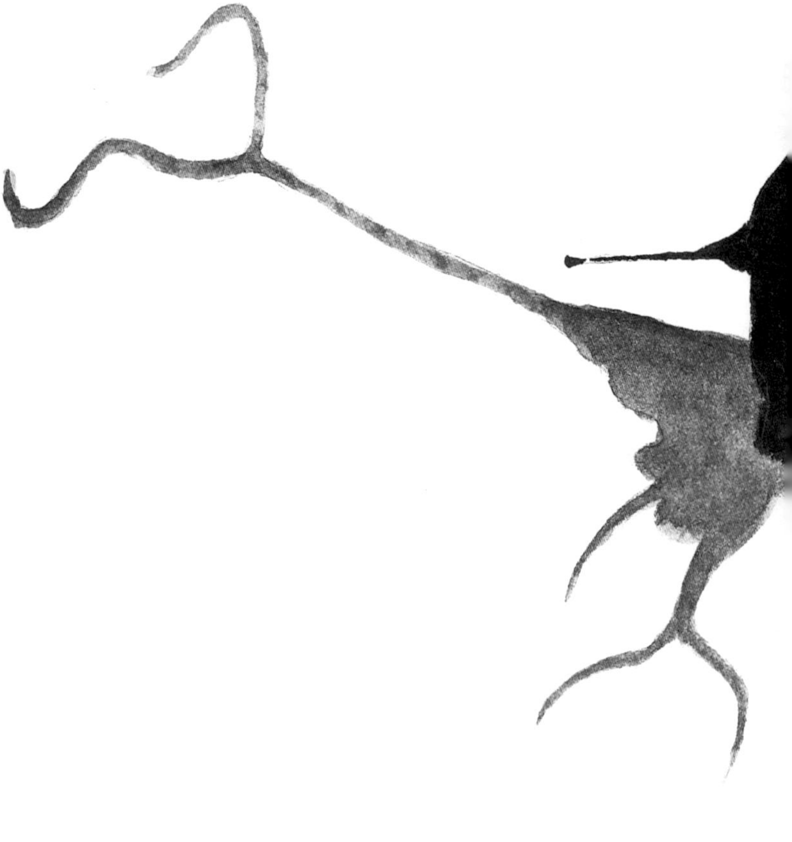

驱魔鸟

驱魔鸟原型

2014 年 6 月发现于中国南京

喜暗鸟

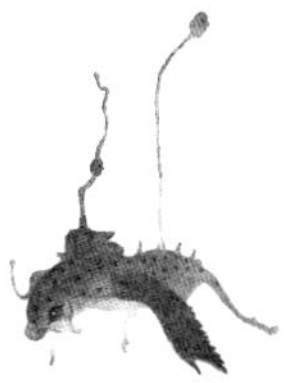

颉颃鸟

喜暗鸟原型

2017 年 3 月发现于法国巴黎

颉颃鸟原型
2017 年 4 月发现于日本滋贺

弥缝鸟

悬浮鸟

探赜鸟

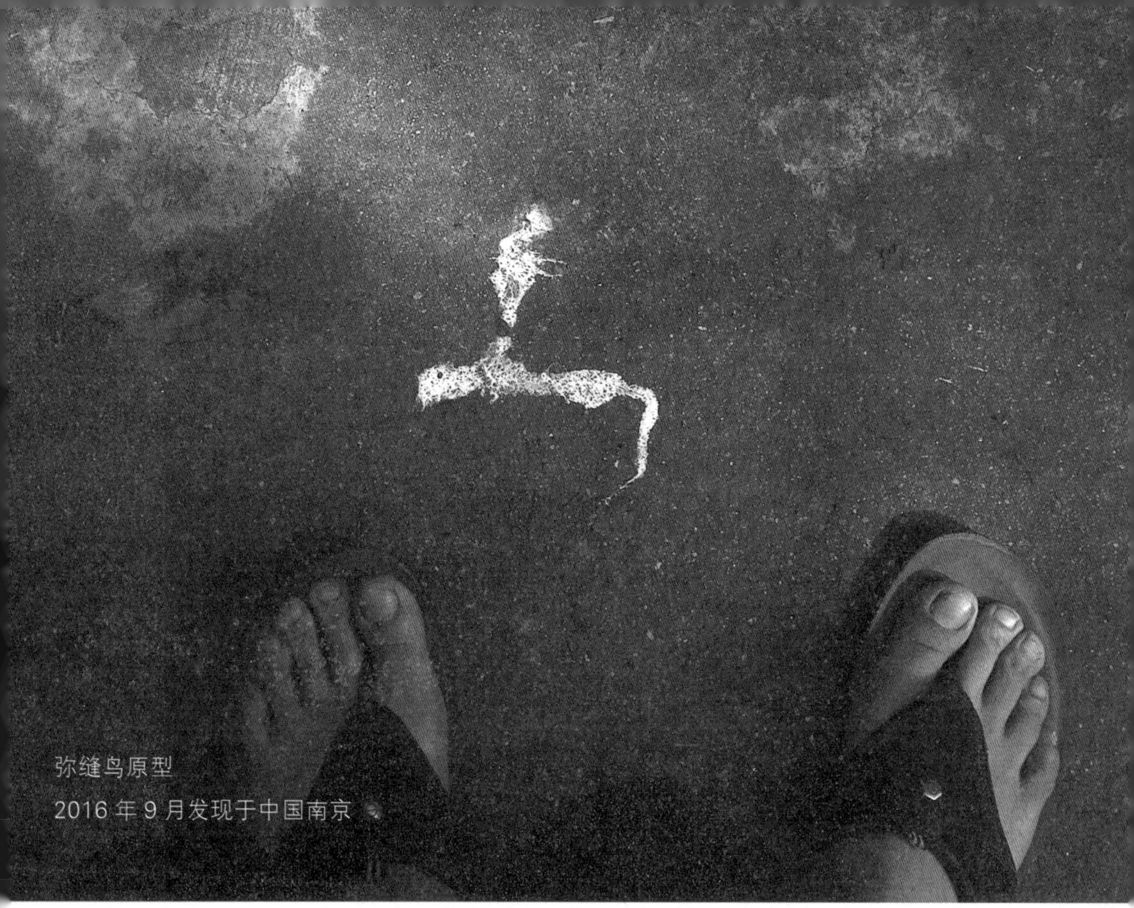

弥缝鸟原型

2016 年 9 月发现于中国南京

悬浮鸟原型

2017 年 3 月发现于法国巴黎

探赜鸟原型

2016 年 10 月发现于法国巴黎

吟霞鸟

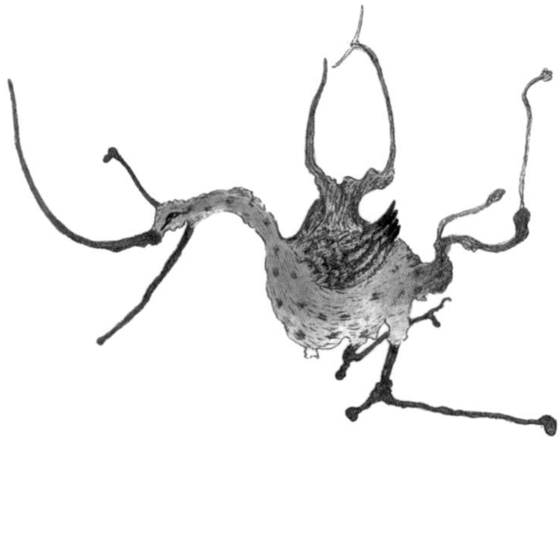

诋讥鸟

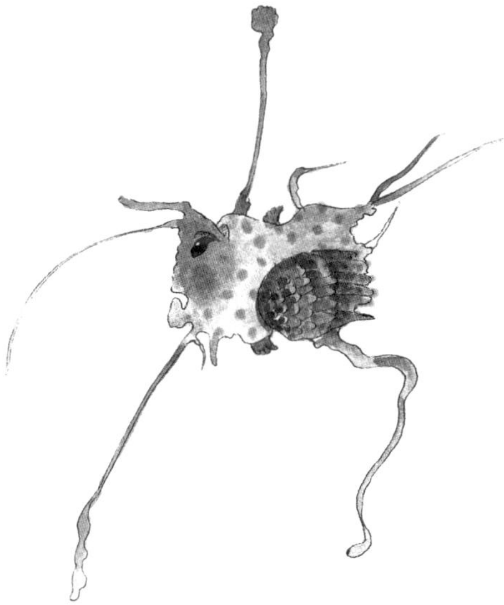

松上鸟

形陋鸟

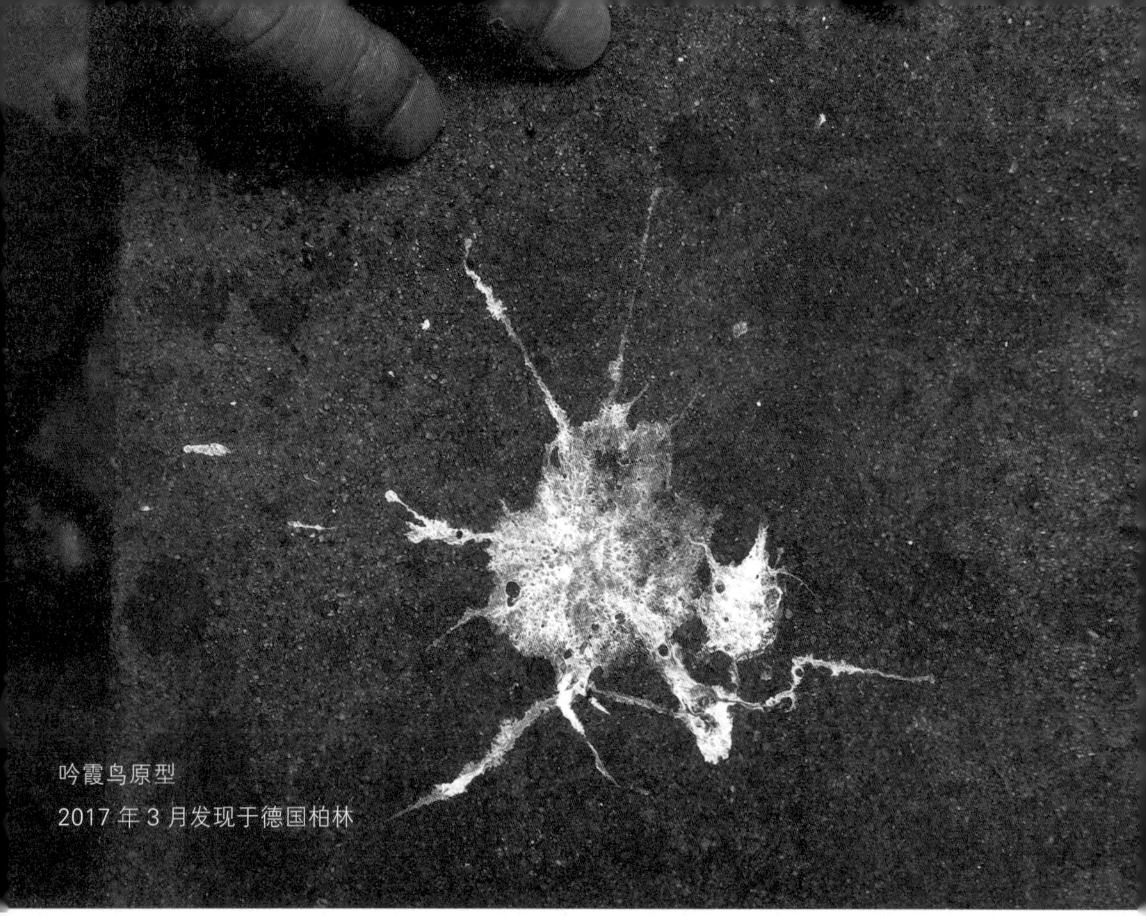

吟霞鸟原型

2017 年 3 月发现于德国柏林

诋讥鸟原型

2017 年 3 月发现于德国莱比锡

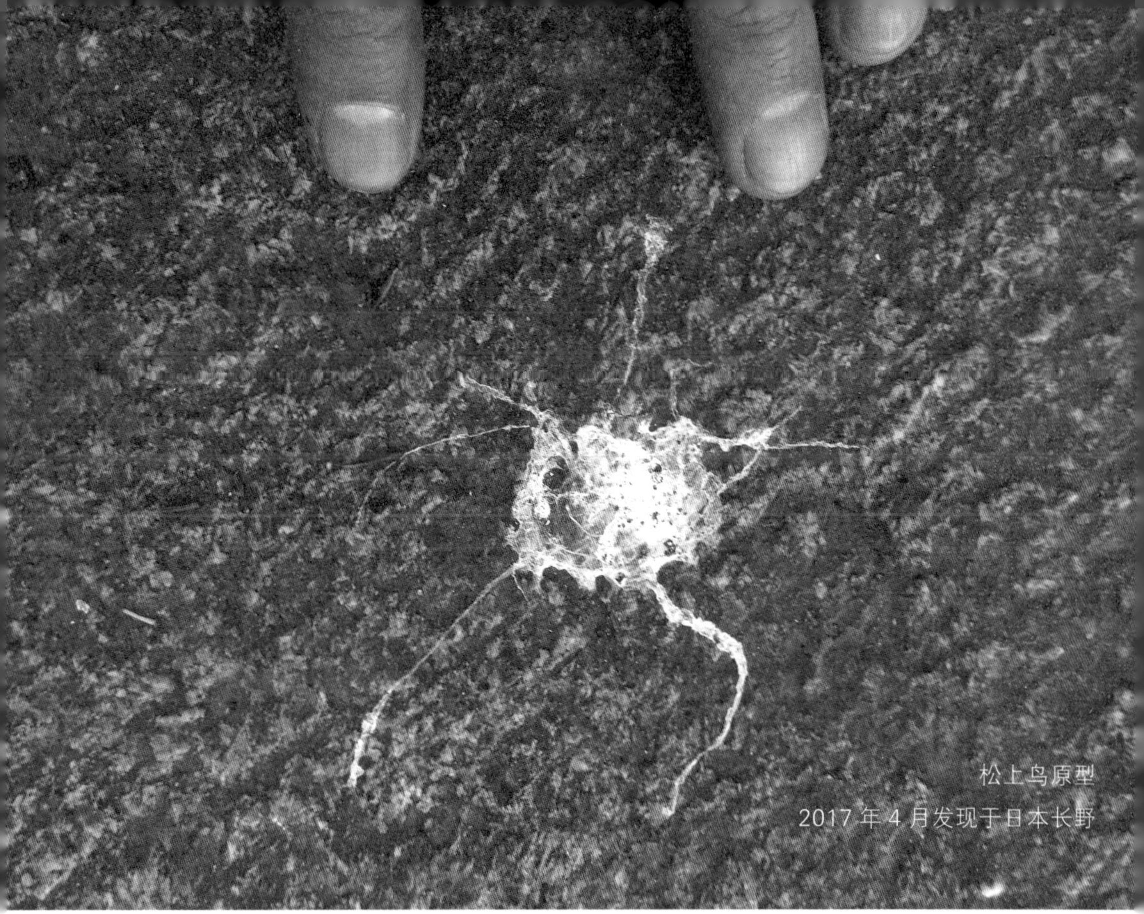

松上鸟原型

2017 年 4 月发现于日本长野

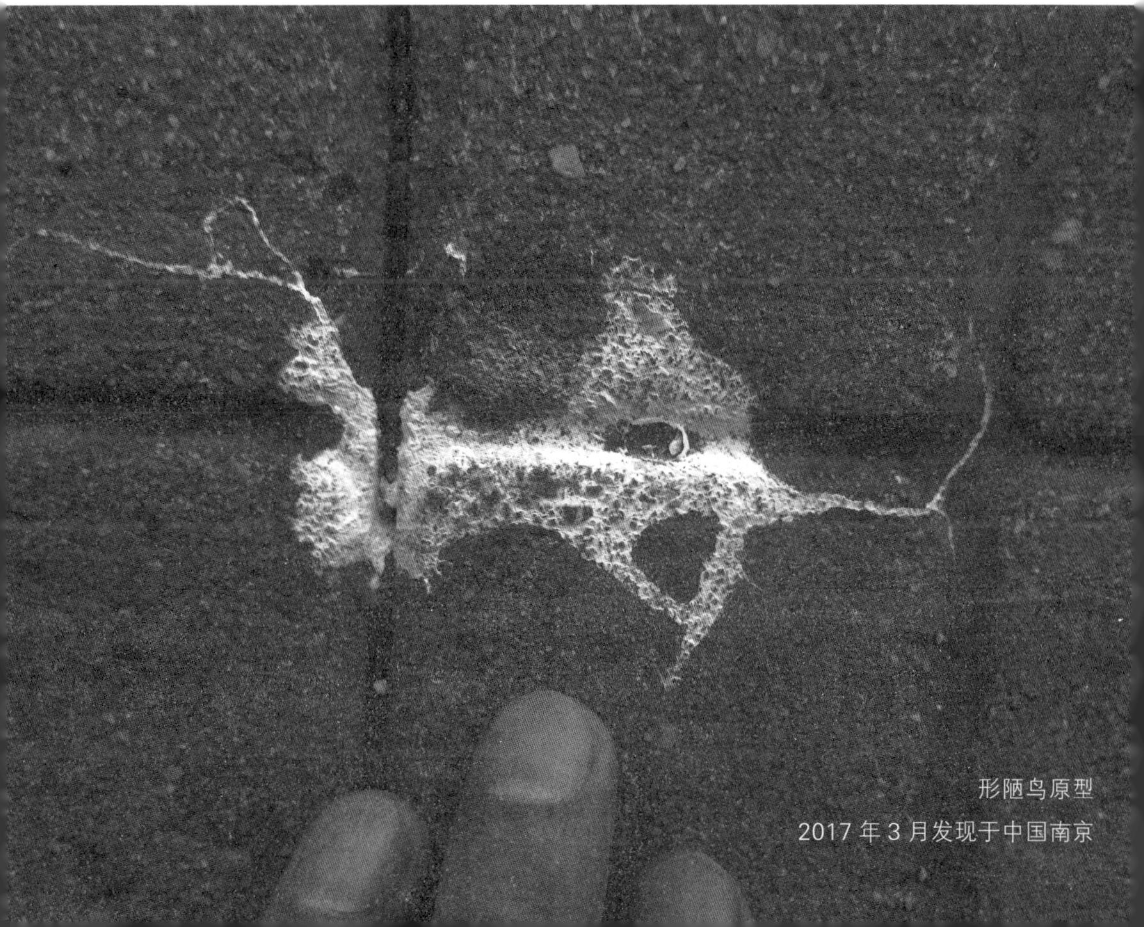

形陋鸟原型

2017 年 3 月发现于中国南京

照空鸟

缅邈鸟

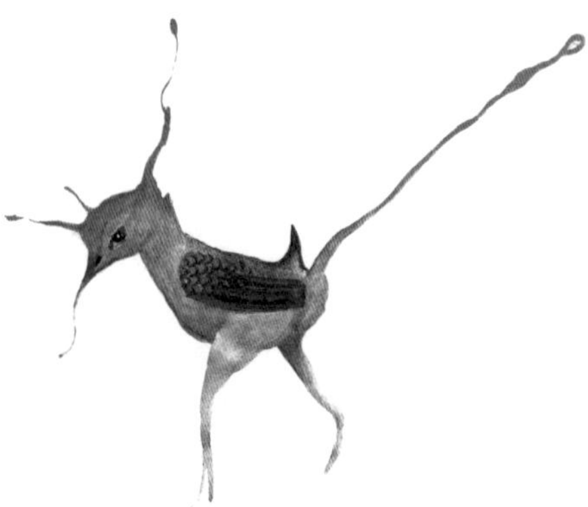

招怫鸟

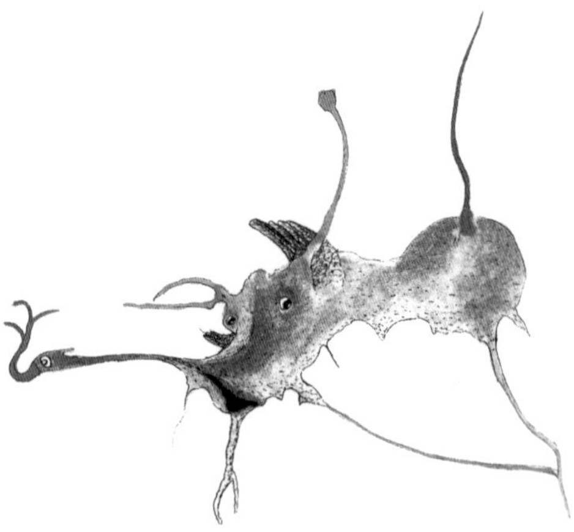

恐疑鸟

恻怛鸟

绿瞳鸟

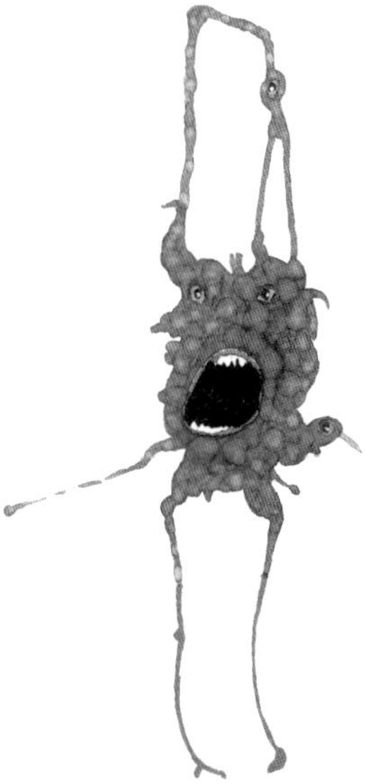

瘅恶鸟

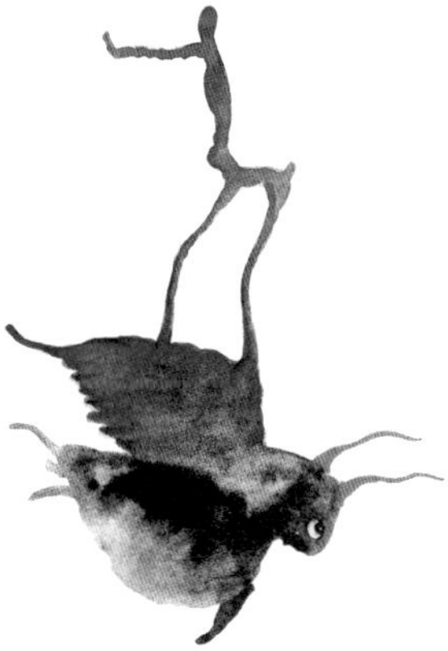

吐纳鸟

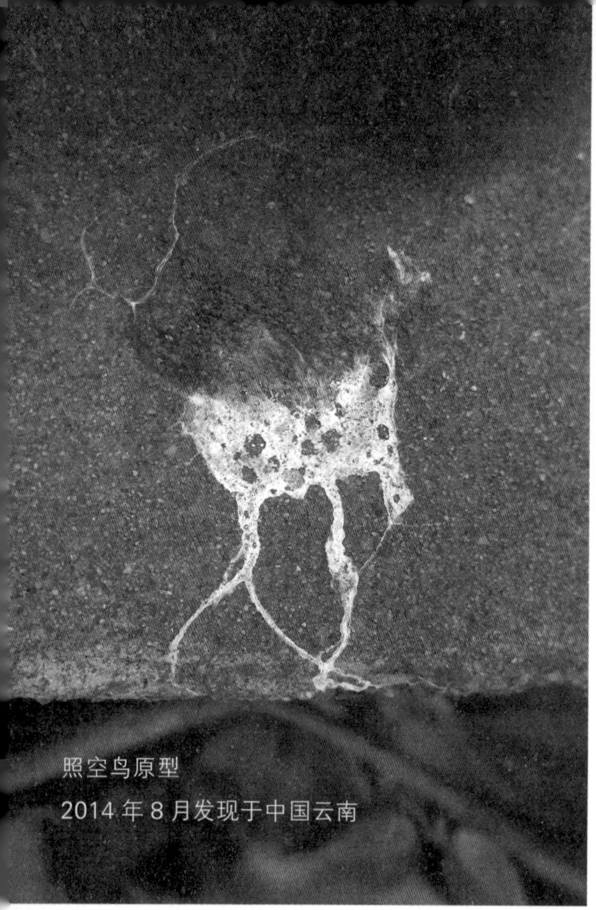

照空鸟原型

2014 年 8 月发现于中国云南

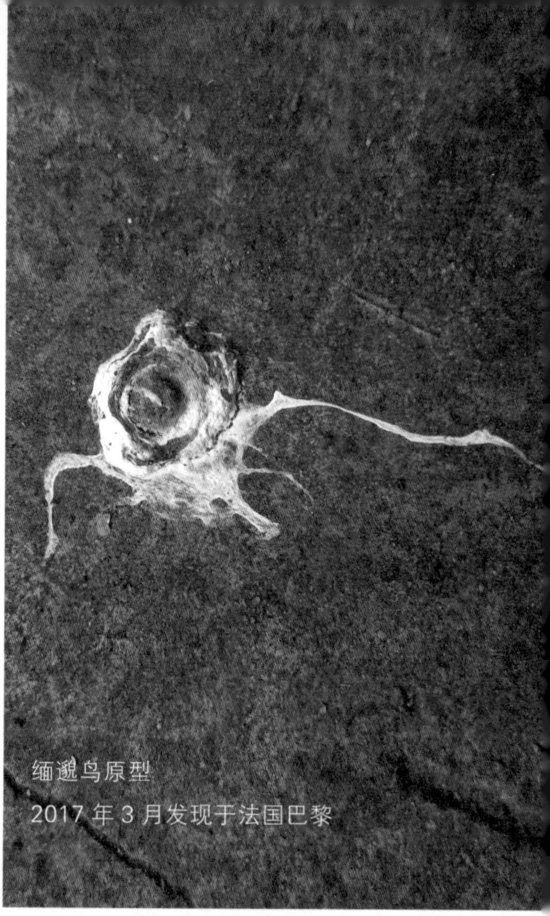

缅邈鸟原型

2017 年 3 月发现于法国巴黎

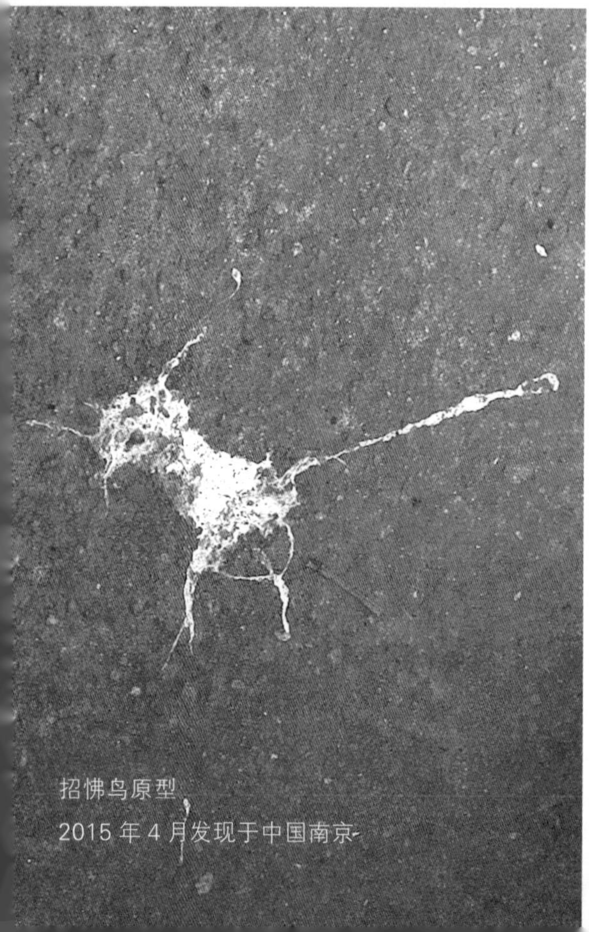

招佛鸟原型

2015 年 4 月发现于中国南京

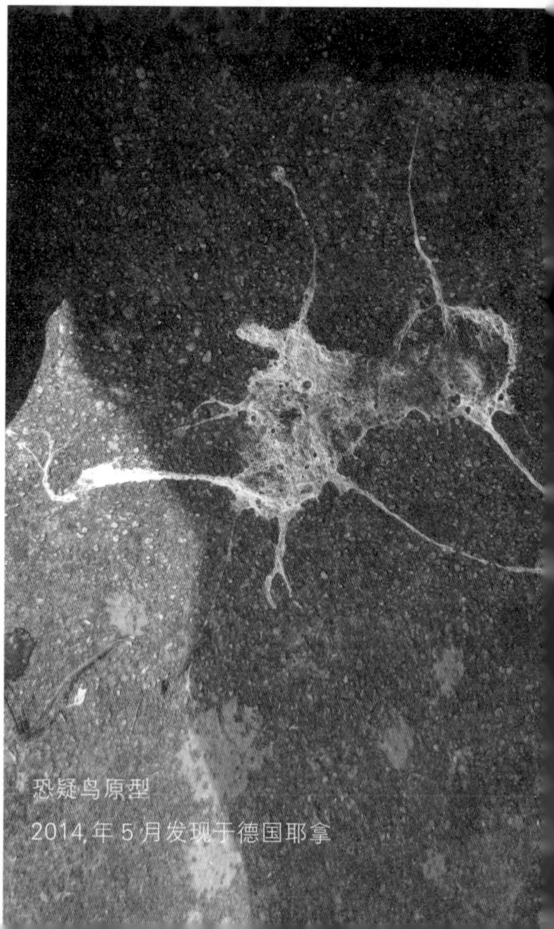

恐疑鸟原型

2014 年 5 月发现于德国耶拿

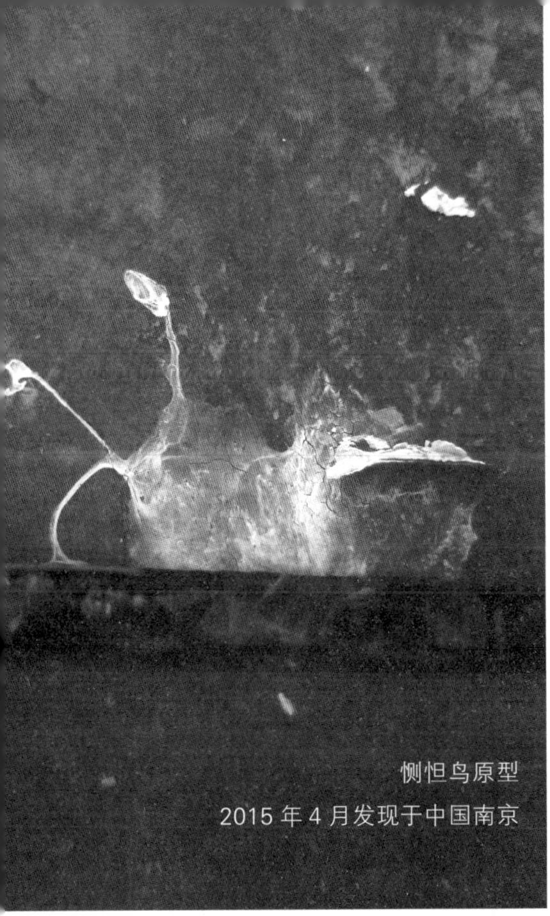

恻怛鸟原型

2015 年 4 月发现于中国南京

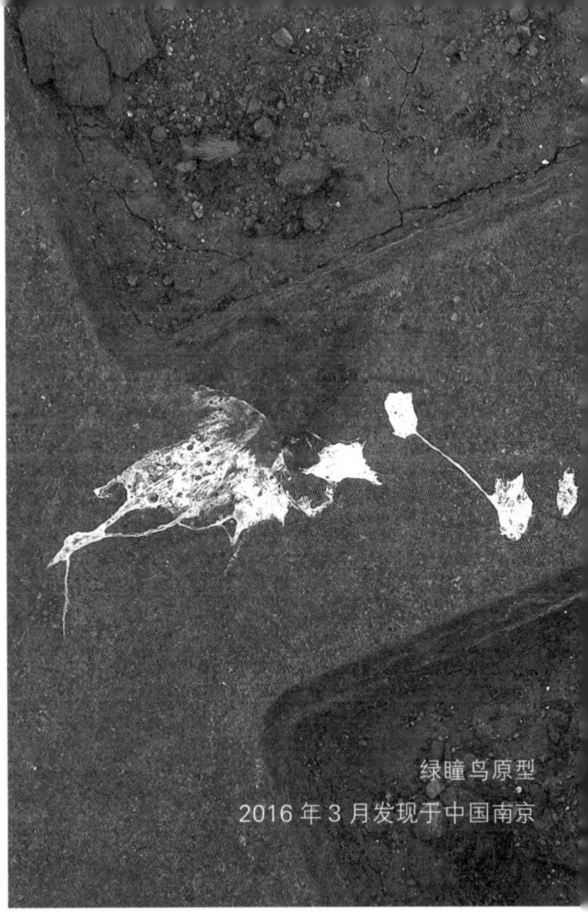

绿瞳鸟原型

2016 年 3 月发现于中国南京

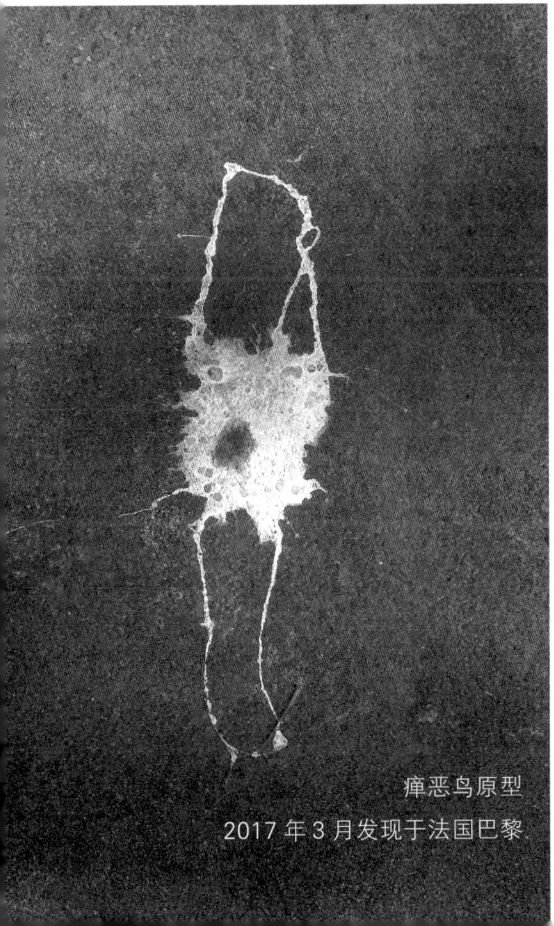

痹恶鸟原型

2017 年 3 月发现于法国巴黎

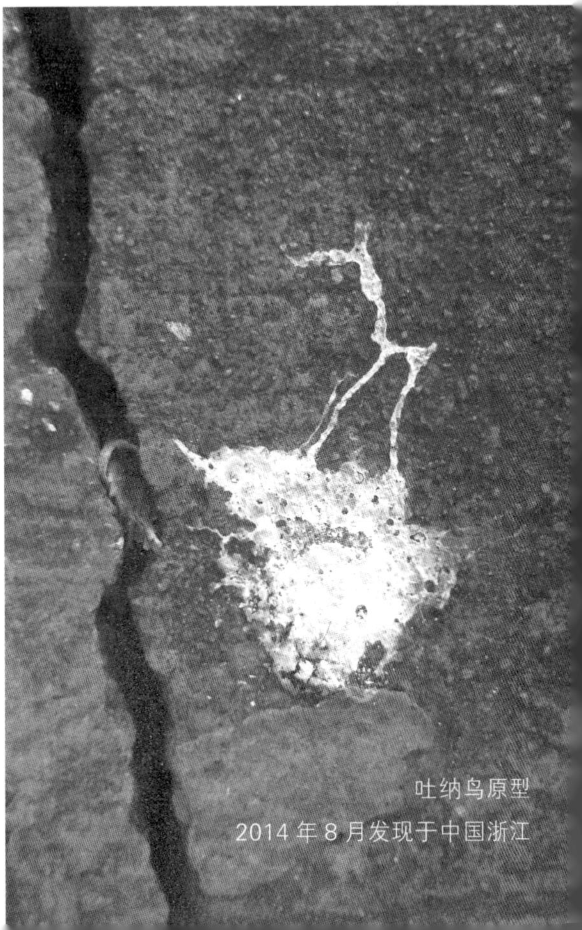

吐纳鸟原型

2014 年 8 月发现于中国浙江

更多便形鸟

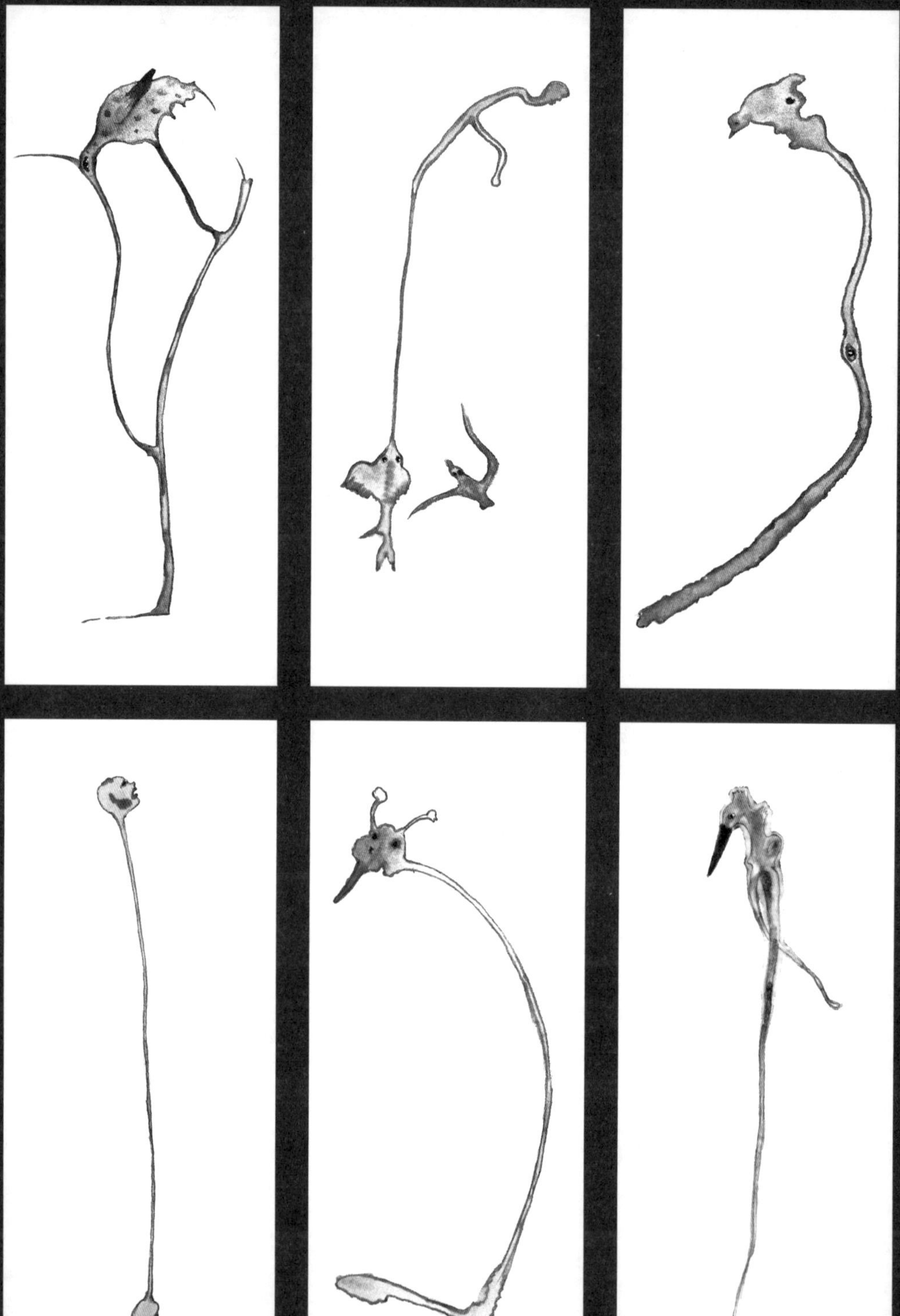

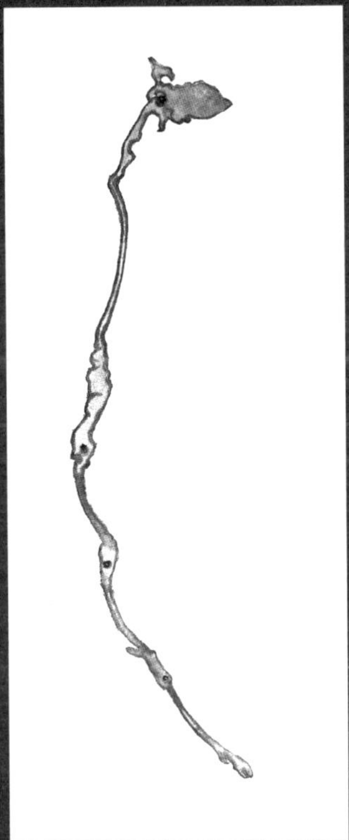

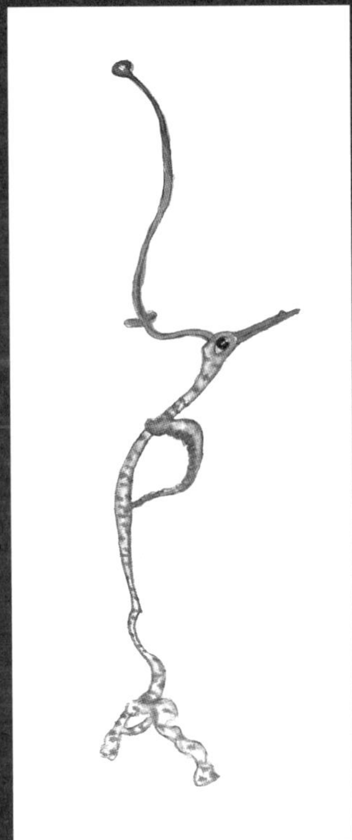

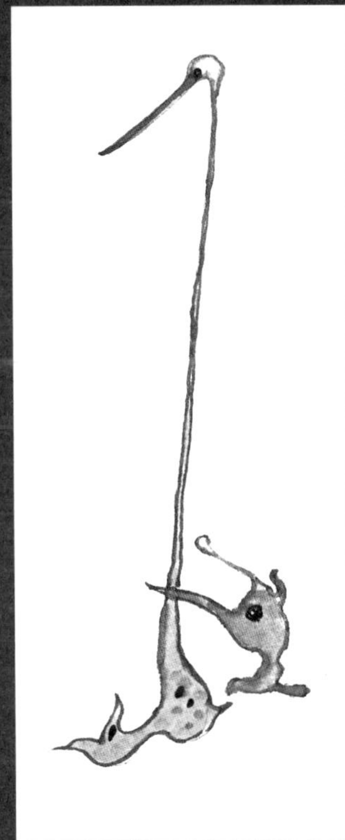

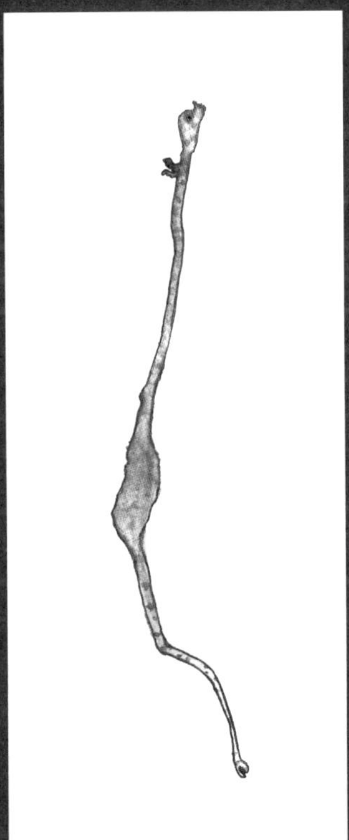

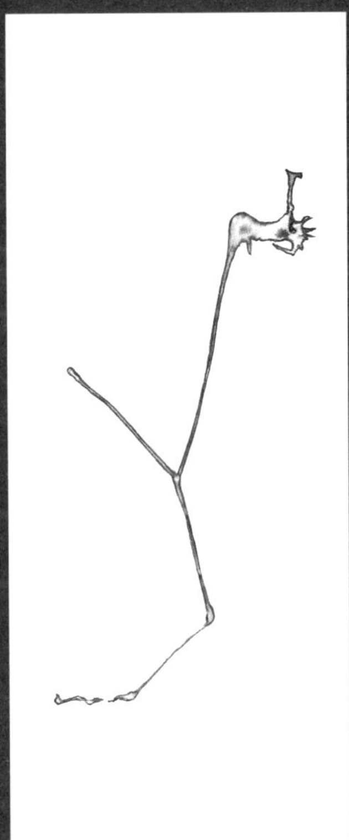

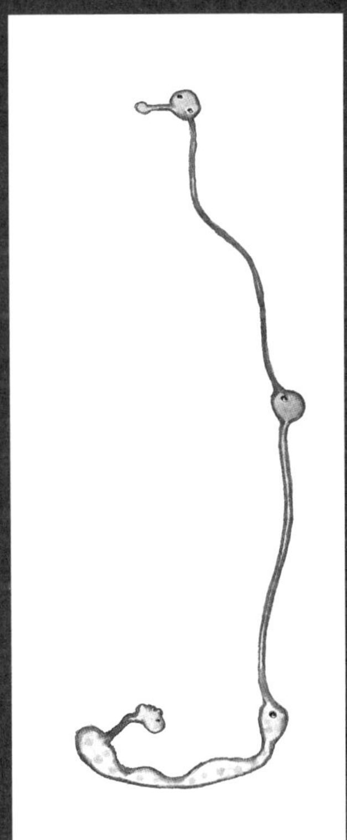

更多便形鸟原型

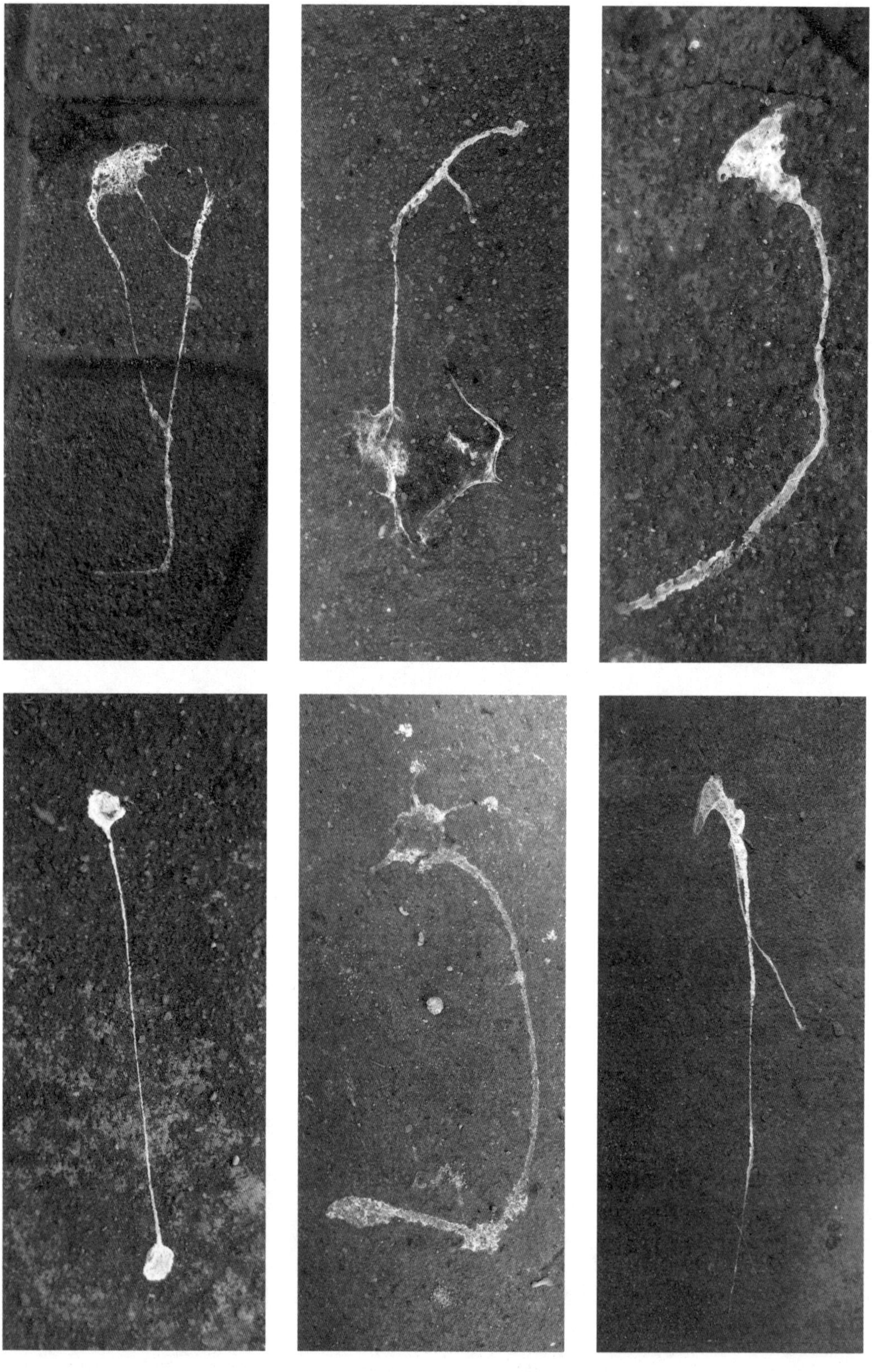

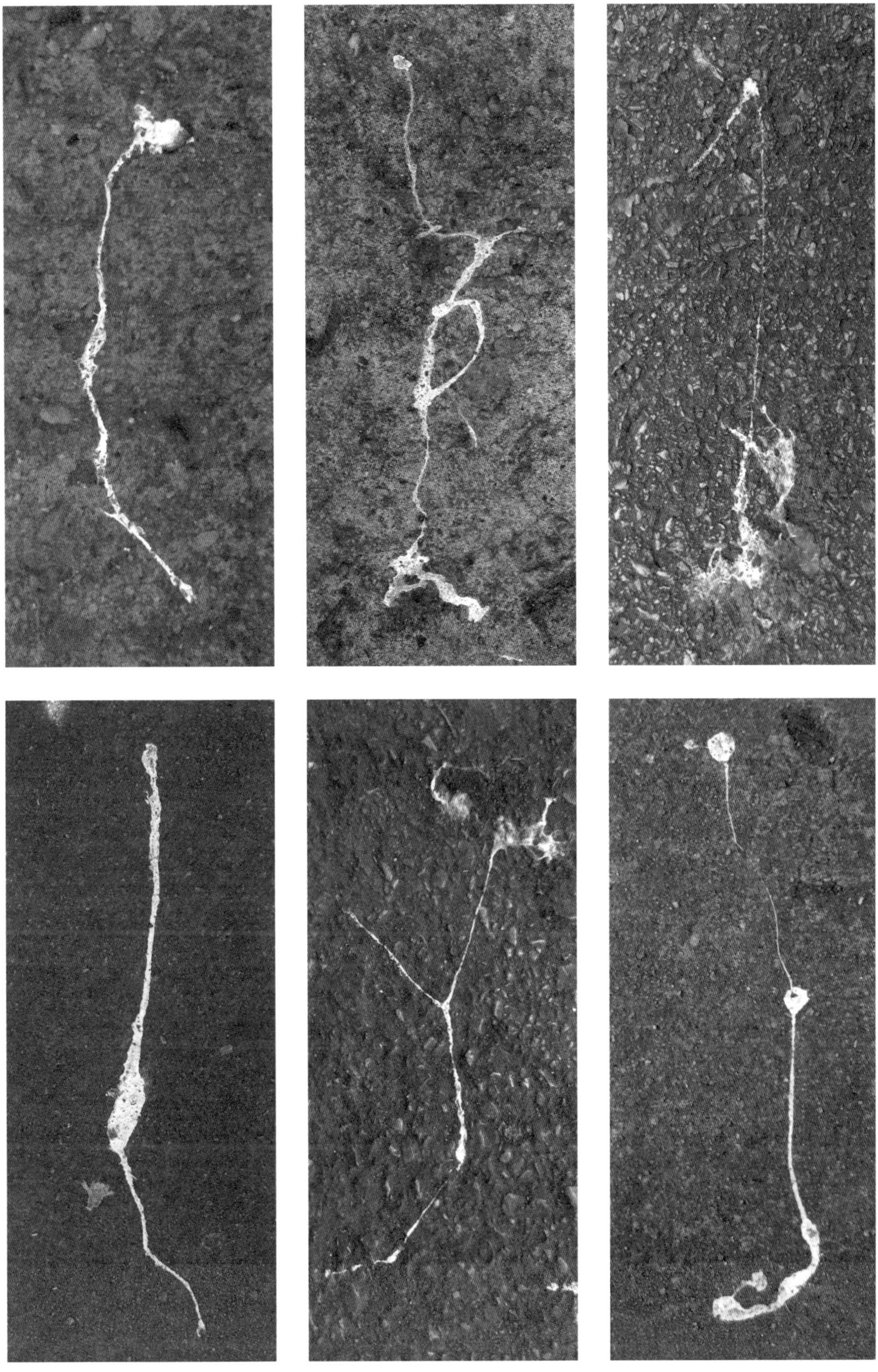

更多便形鸟

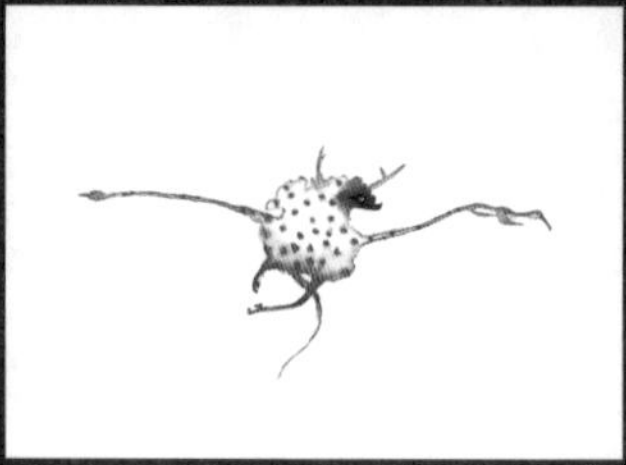

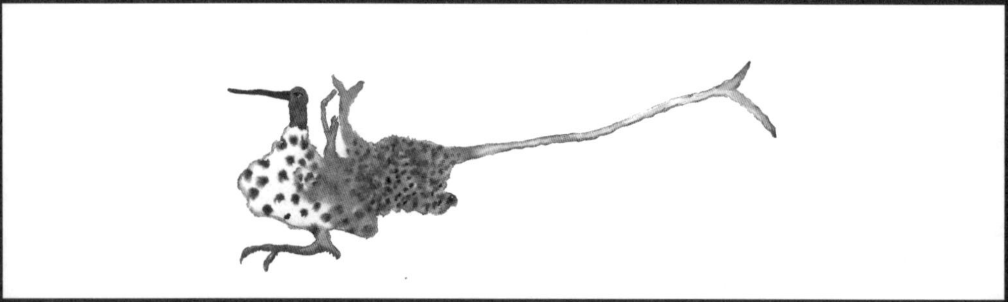

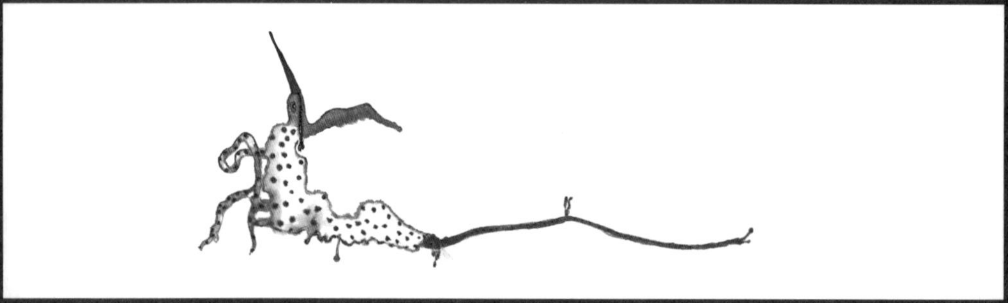

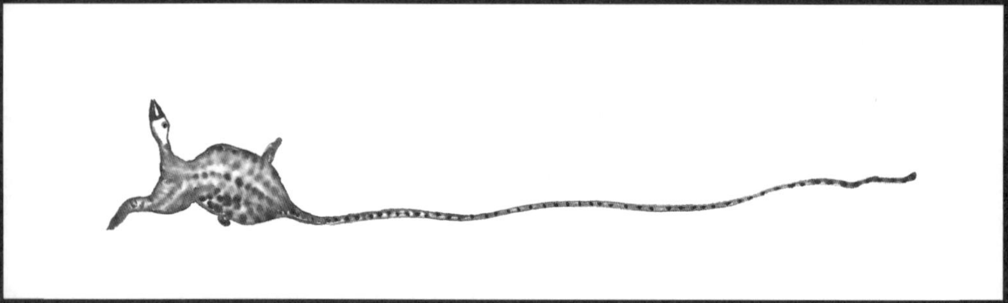

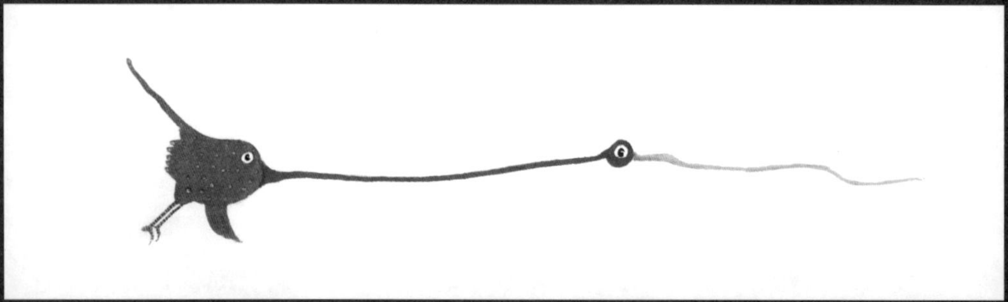

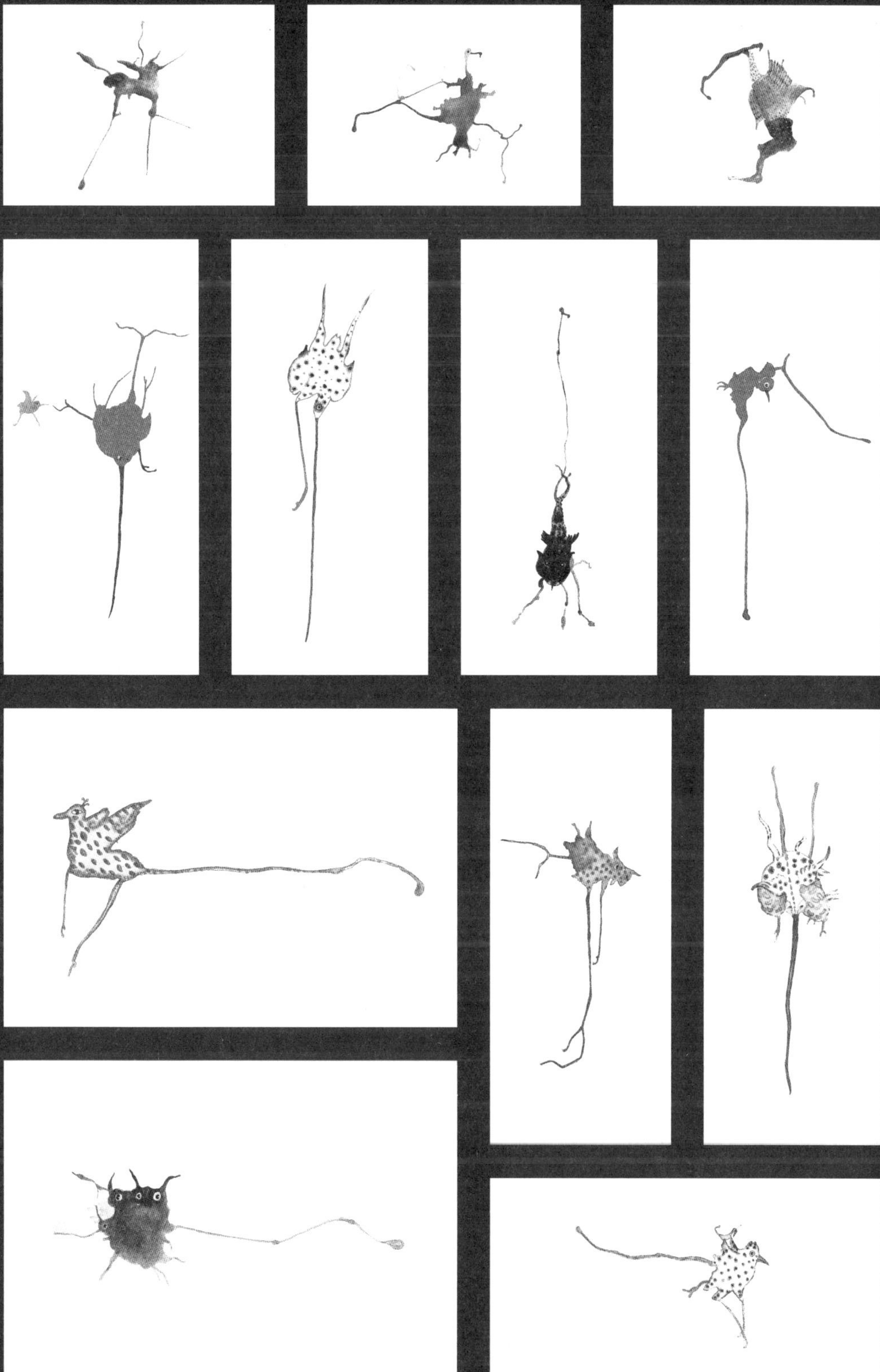

更多便形鸟原型

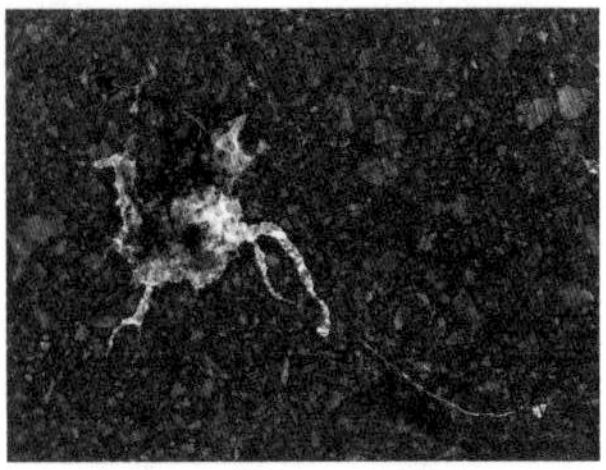

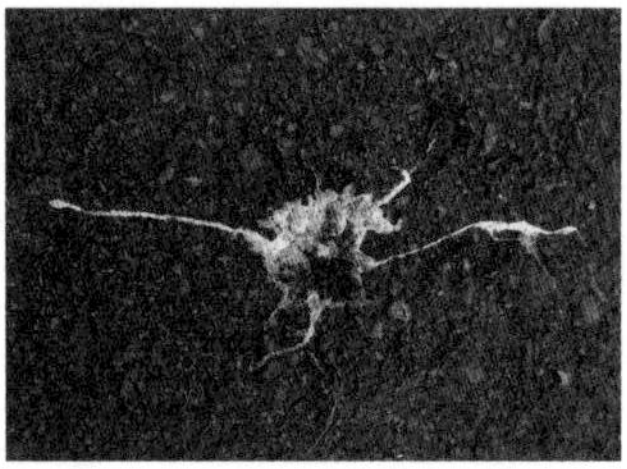

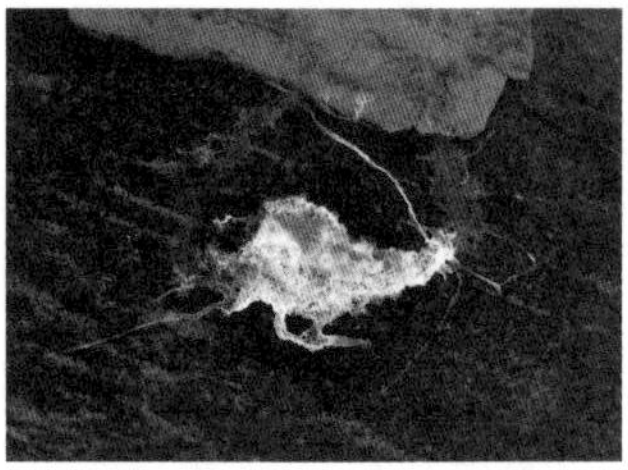

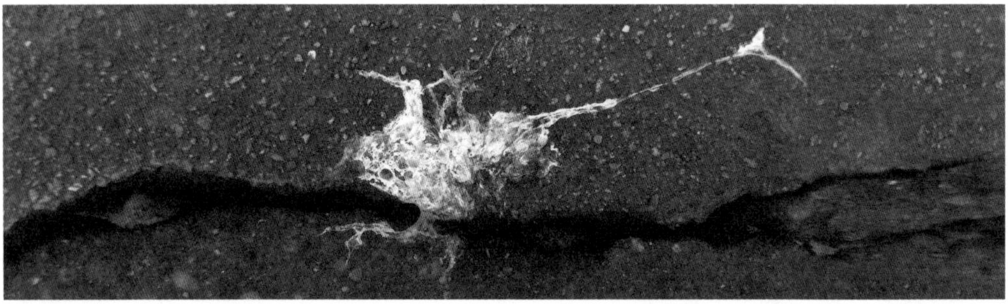

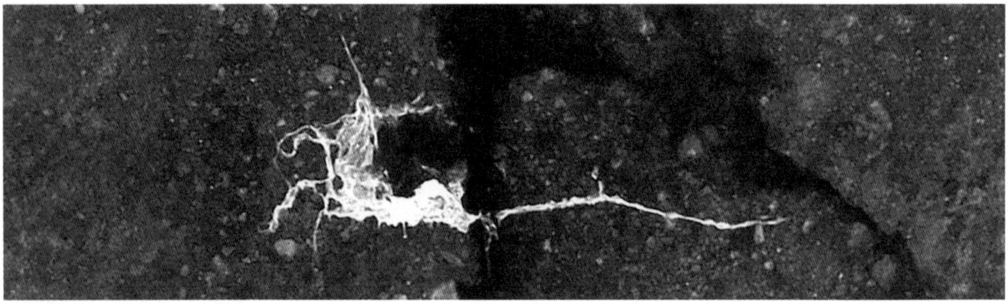

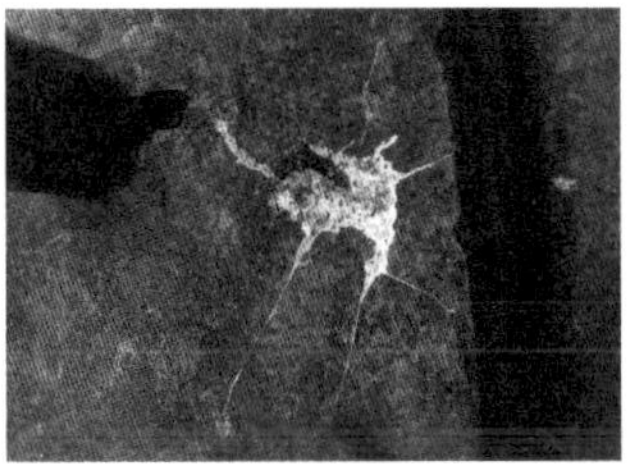
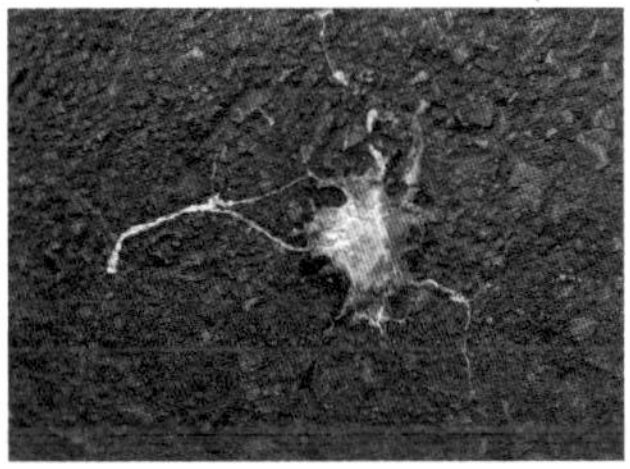
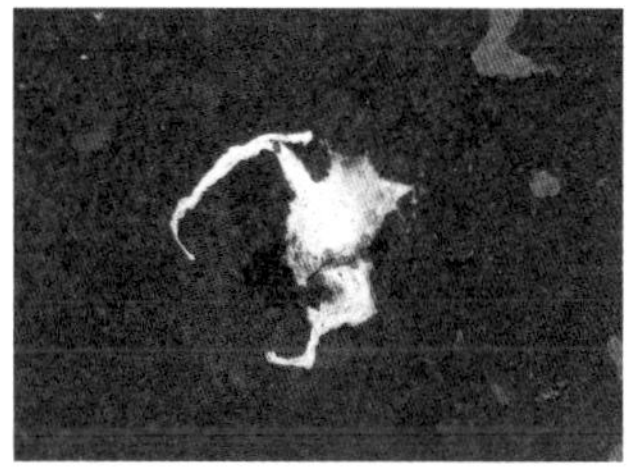
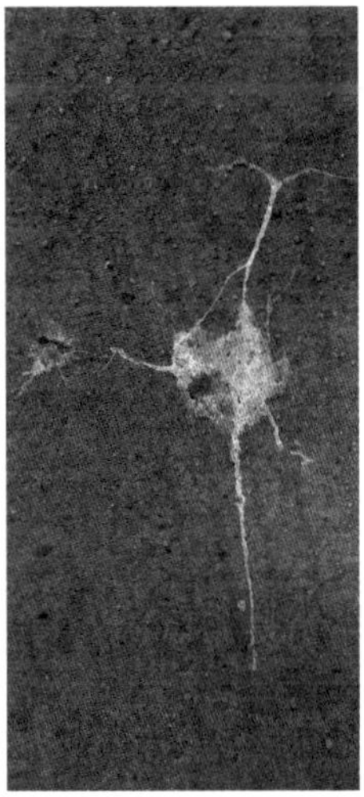
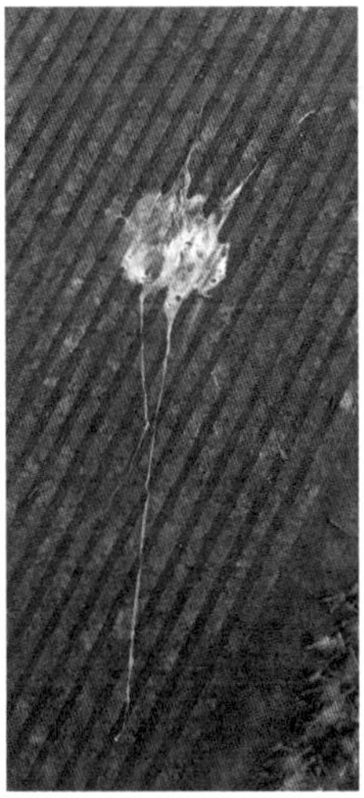
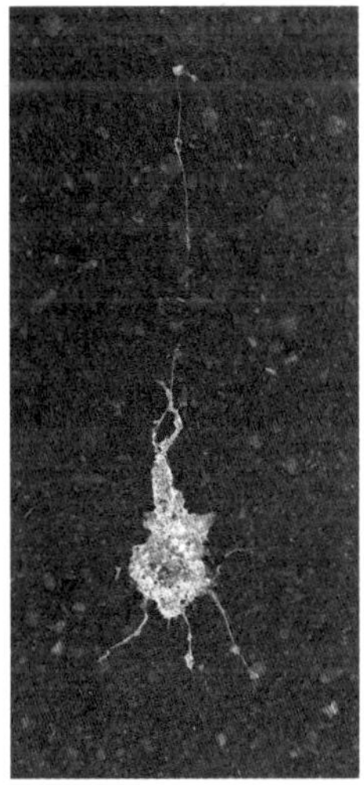
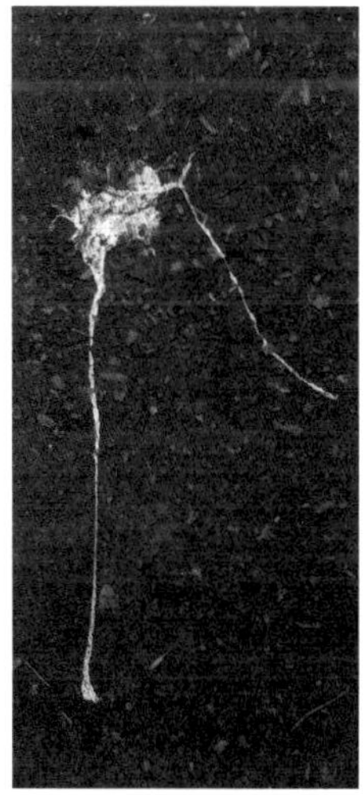
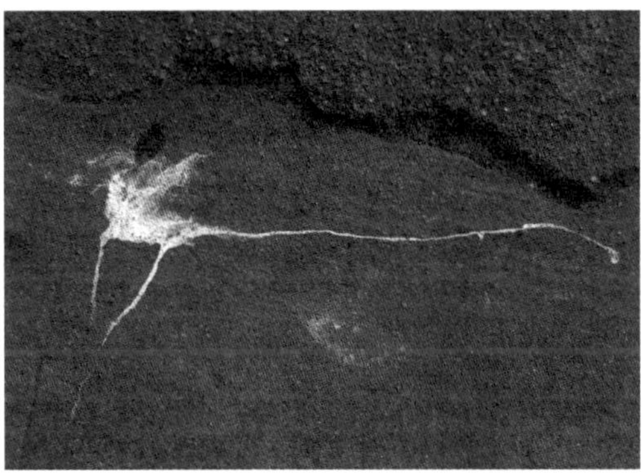

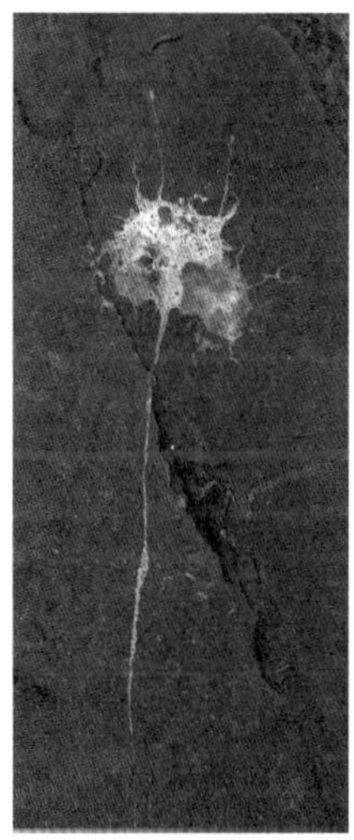
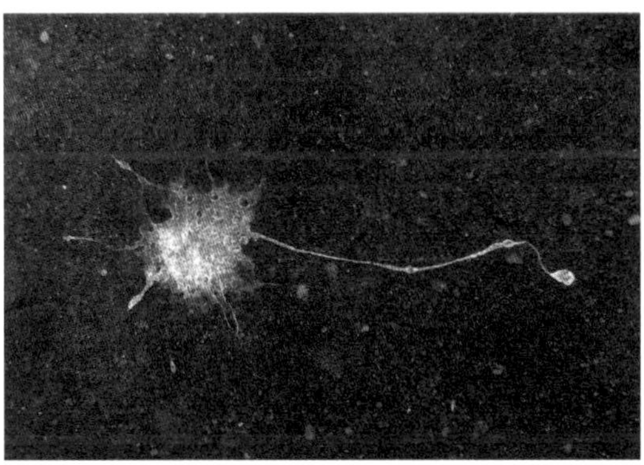
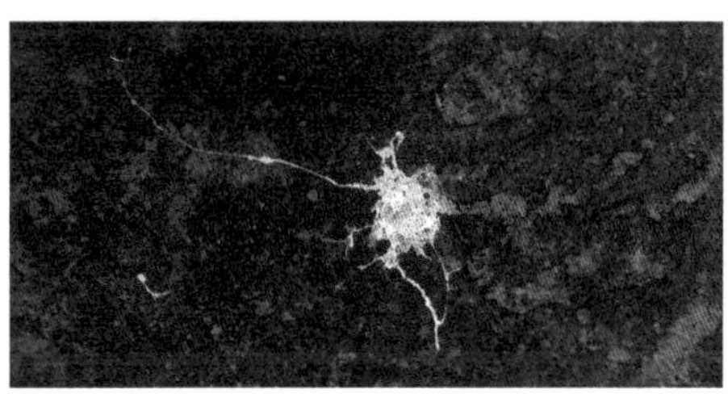

更多便形鸟

更多便形鸟

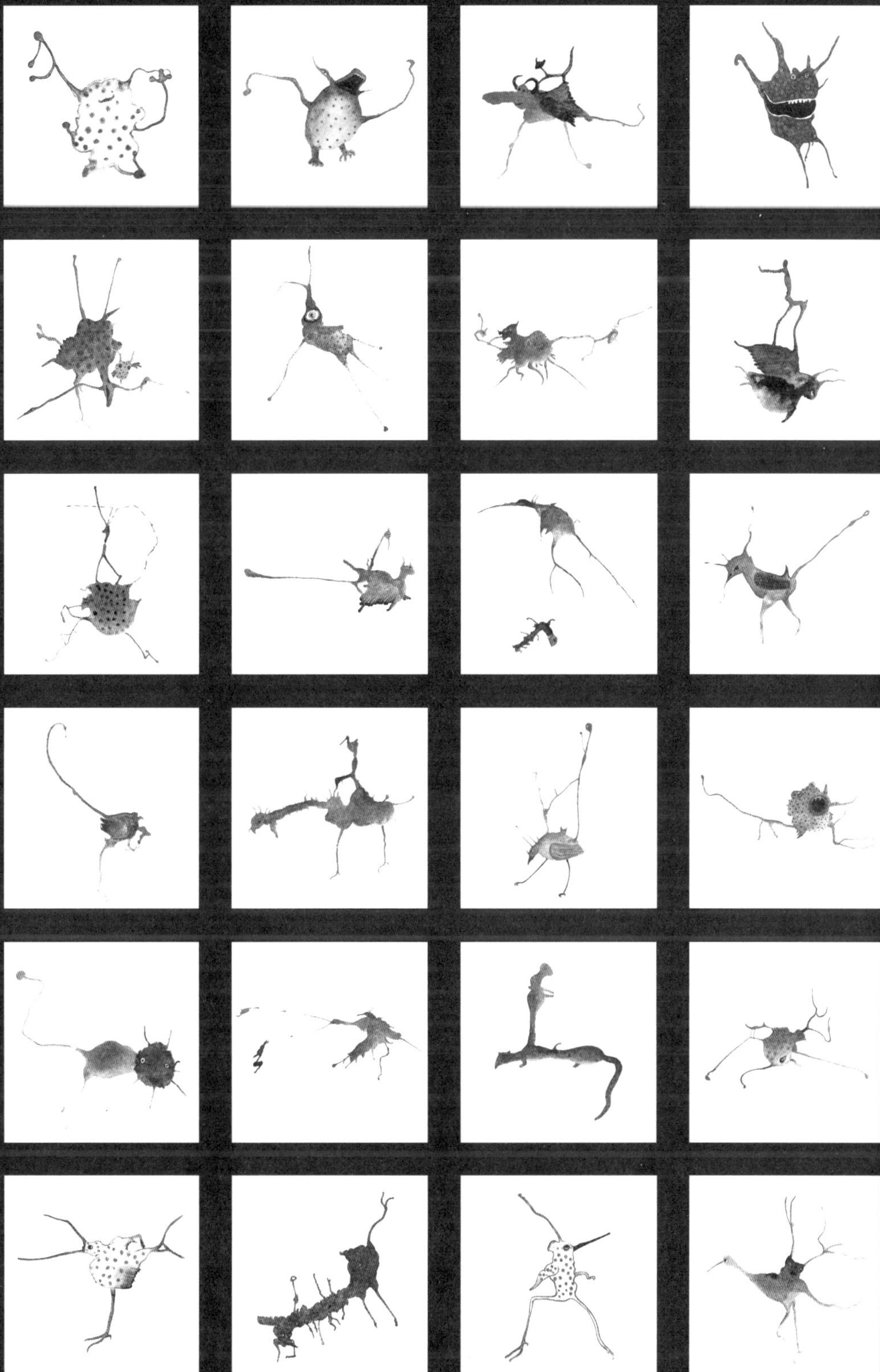

更多便形鸟原型

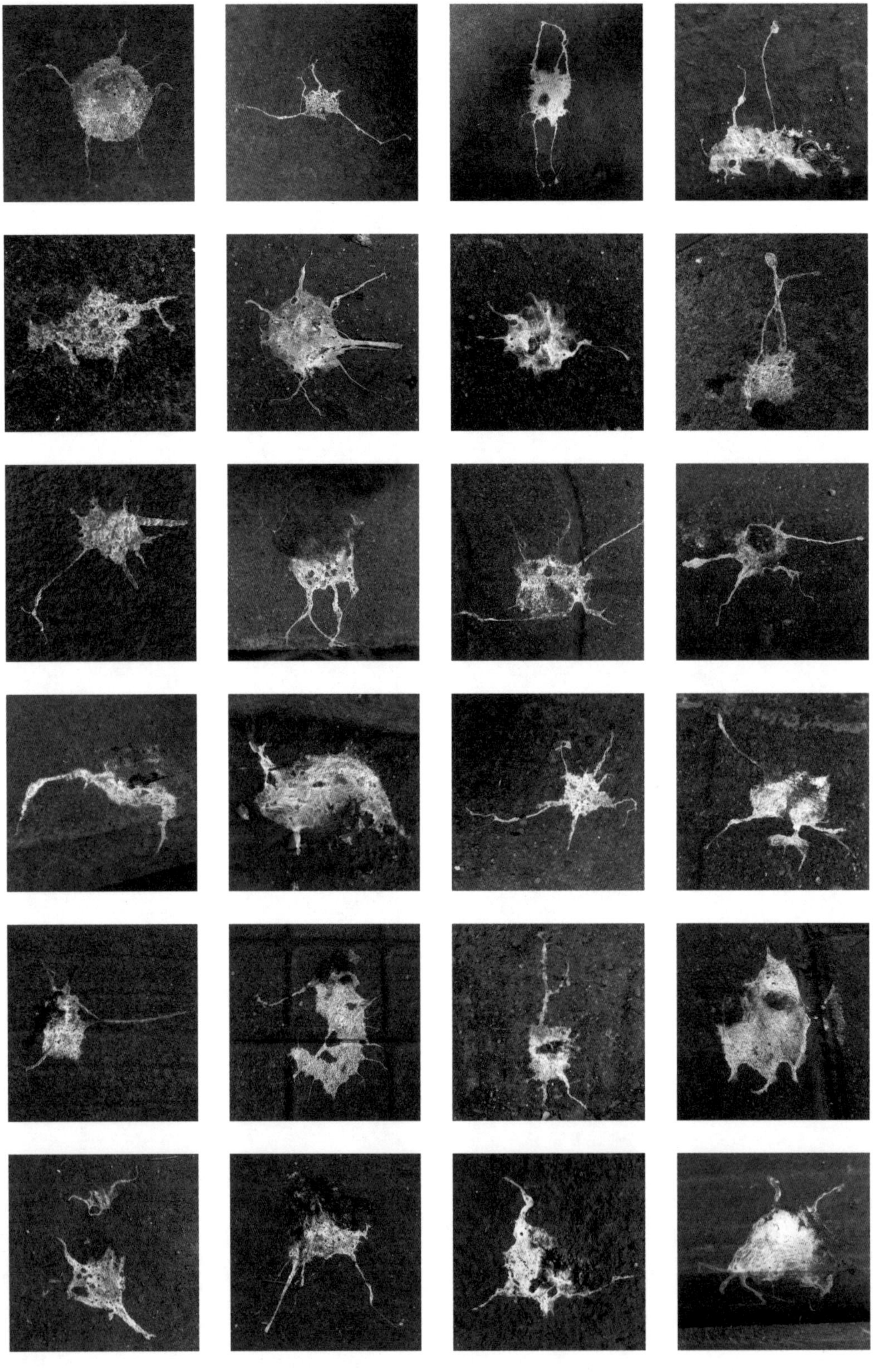

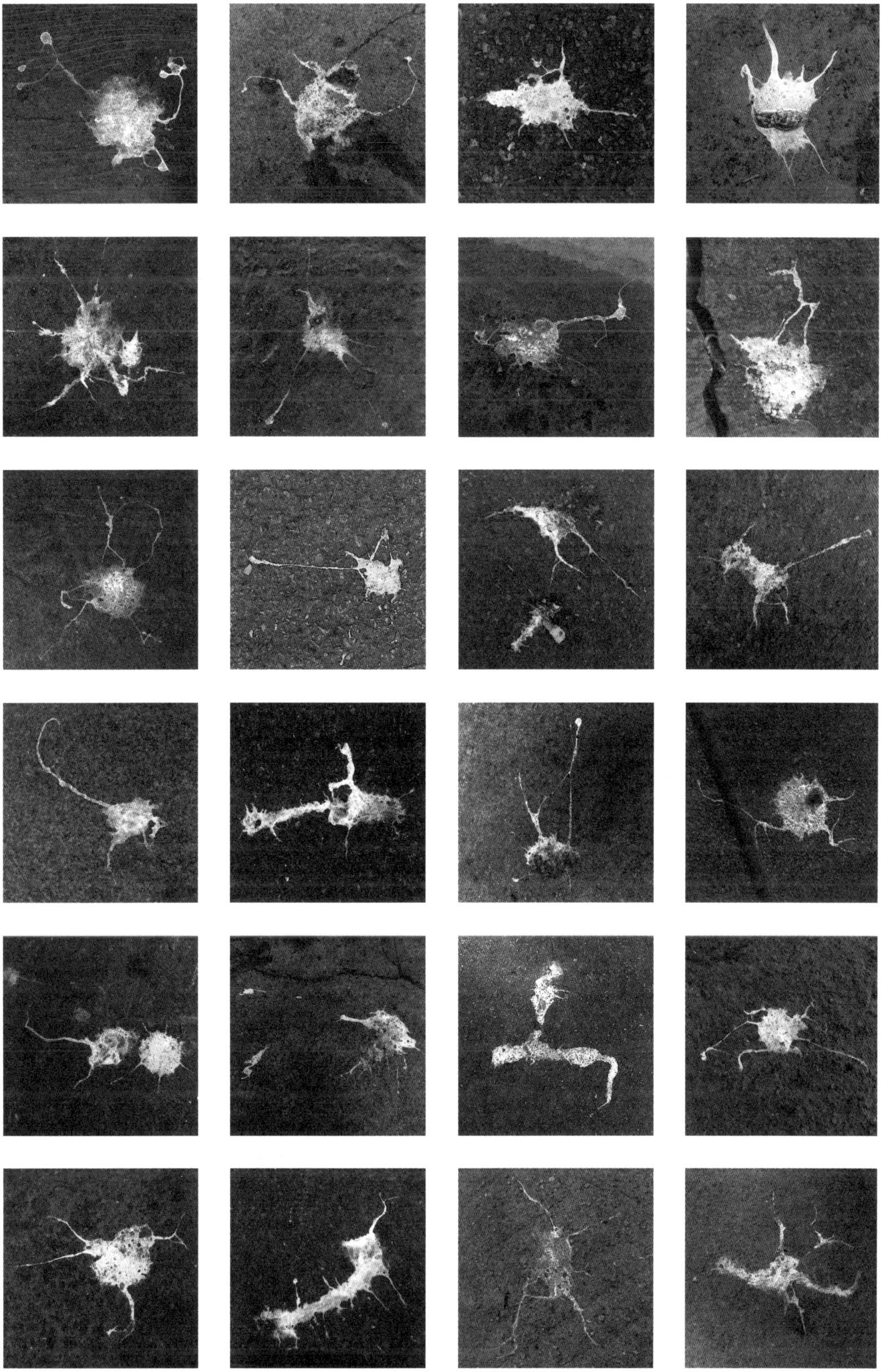

更多便形鸟

更多便形鸟原型

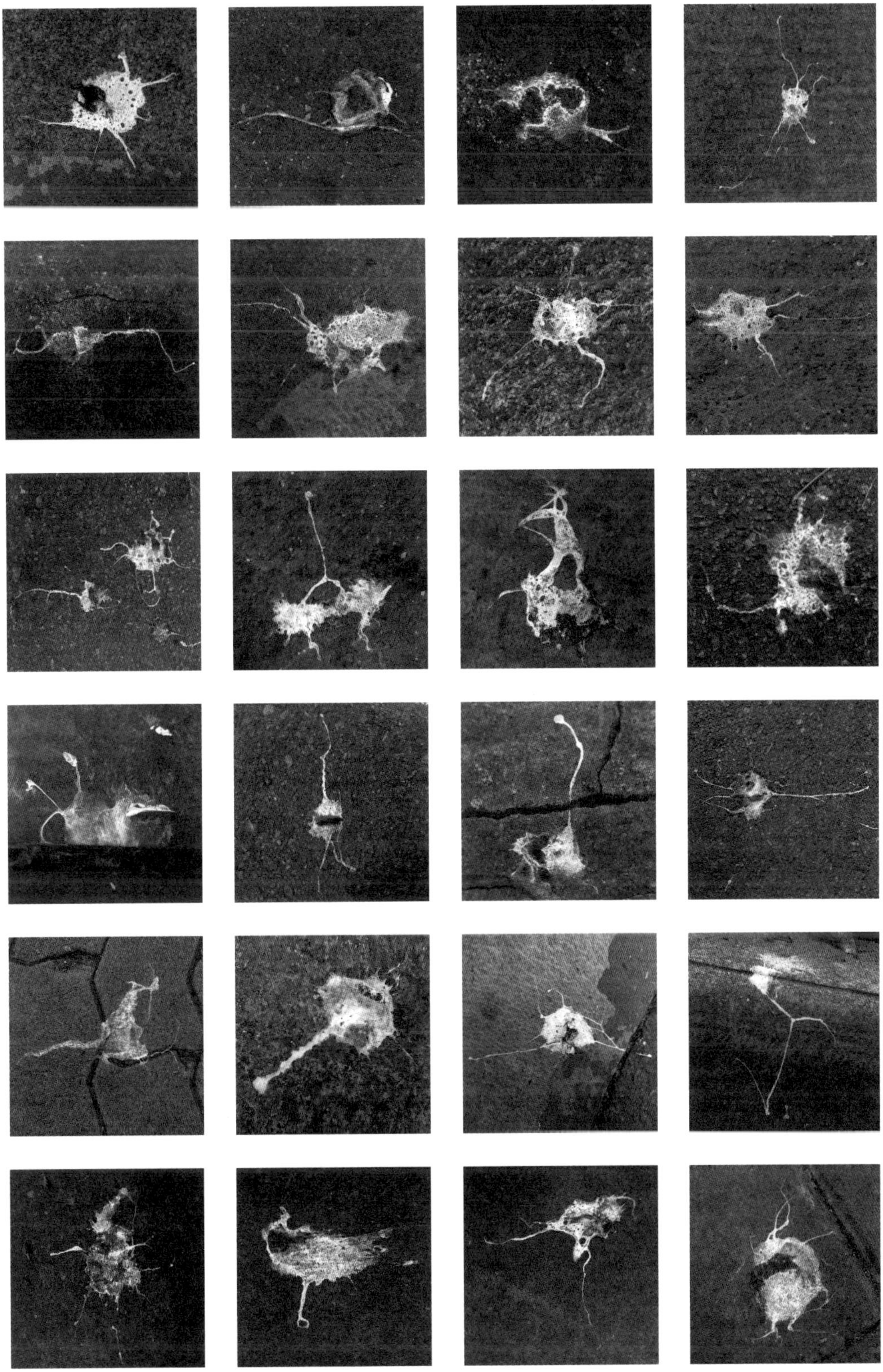

原型现场（法国巴黎）

原型现场（英国伦敦）

原型现场（中国南京）

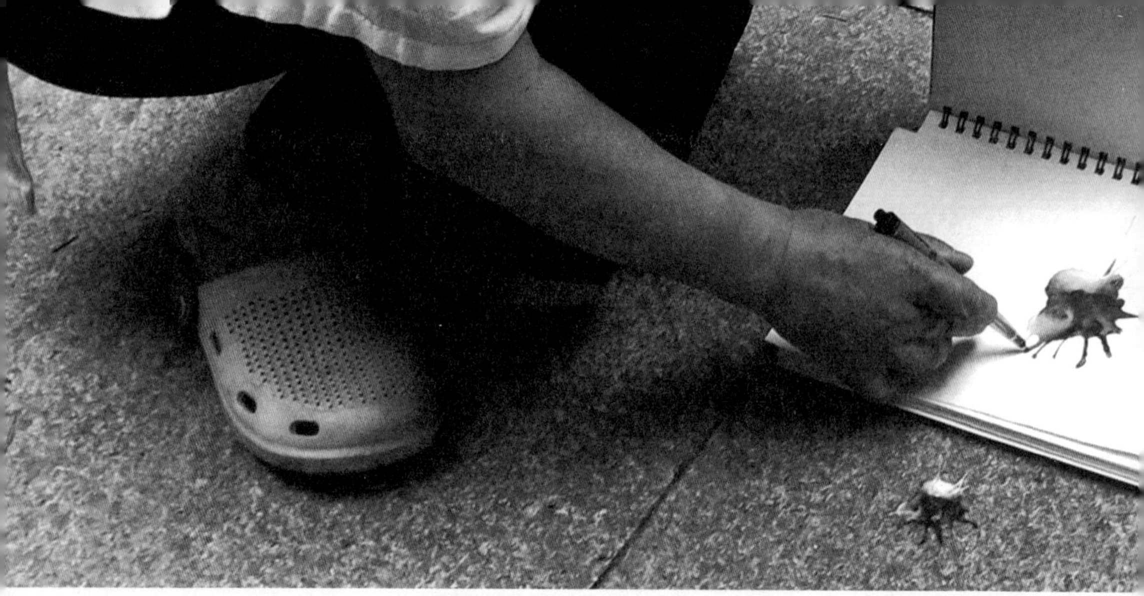

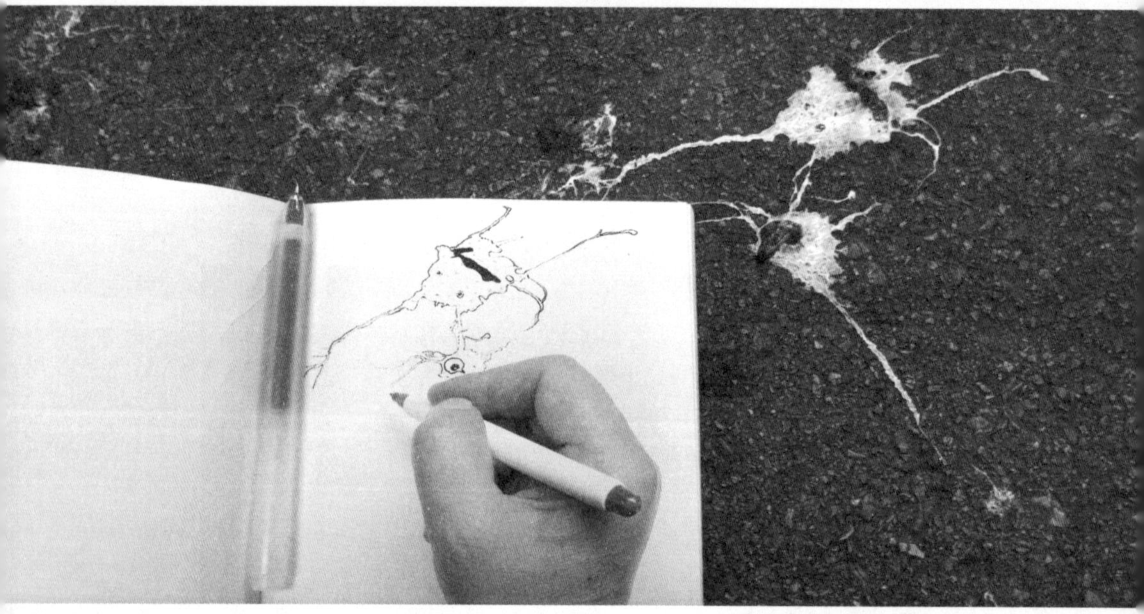

写生现场

拍摄现场

后记

从鸟粪到便形鸟

如果没有 2014 年在上海的那次印象派大师莫奈特展，或许就不会有便形鸟。

2014 年 5 月 3 日，我从火车票上准确记下这个日期，是一个星期六的上午。这天，我正准备去上海看莫奈特展，听说名作《睡莲》也在其中。

收拾停当，准备出发。打开院门，却发现小猫“切糕”也跟着跑了出来。但凡周末要出门，我都会备足两天的猫粮和水，让“切糕”待在书坊，以防被校园内的公猫们拐走。

正要俯身去抱“切糕”，它却灵巧地绕开了我，一跃跳上矮墙。我再一迟疑，它已蹿上了大树。平日它在书坊睡觉，撵也撵不走，今天竟然异常兴奋。我索性端起相机，追拍起“切糕”来。

“啪”的一声，不是快门的声音，而是一摊白色的东西从天而降，我不及躲闪，径直落在左臂——大概重力加速度不小，还溅到了我的左手和左脸上。自叹“倒霉”，不用看都猜得到——鸟粪。

黑色的呢子外套上，白色的鸟粪异常扎眼。我动弹不得，唯有干等。待鸟粪晒干后，再搓揉掉，送去干洗。心里思忖，这相机变成猎枪有多好，定要射下这只恶鸟！

若要换衣服，赶火车怕是来不及了。我只好退票，择日再去。阳光下，盯着看，鸟粪越来越白，很是沮丧。原本应该奔驰在沪宁高铁上的，却被这意外的鸟粪粘缠。

如果一件日常到熟视无睹的事物，被如此近距离地认真观看，便会产生一种陌生感，陌生到让我不由得审视，甚至研究起来。

这鸟粪为何是白色？是哪种鸟排泄的呢？为什么是这样的形状呢？甚至开始思索，这鸟粪为何偏偏落在我的身上？如果有另一个我站在旁边，一定会觉得这个人可笑之极。

彼时的我，眼中只有鸟粪。鸟粪的轮廓逐渐清晰，背景渐渐褪去。我好像回到了小时候，儿时的我，只对奇形怪状的东西感兴趣。

转动衣袖，呢料的褶皱随之起伏。这根本不是鸟粪，我仿佛看到一只大头大眼的长着翅膀的鸟。我赶紧打开包，取出速写本，试着描摹下鸟粪的奇异形状。

这的确是一只鸟！有一颗大大的脑袋，头顶上还有未长成的羽毛，眼睛也不小。这眼睛也在看我，似乎在暗示，我应该继续画，会有惊喜！

支地起身，回屋拿来水彩颜料和画笔。我给鸟身绘上颜色。躯干是翠绿的，喙是赭石的，尾巴是土黄的。那大大的眼睛，我给了它黑色的瞳孔，还加了点高光——它活了！

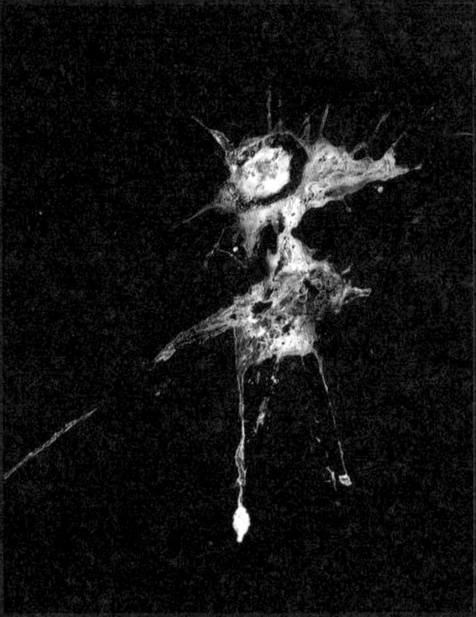

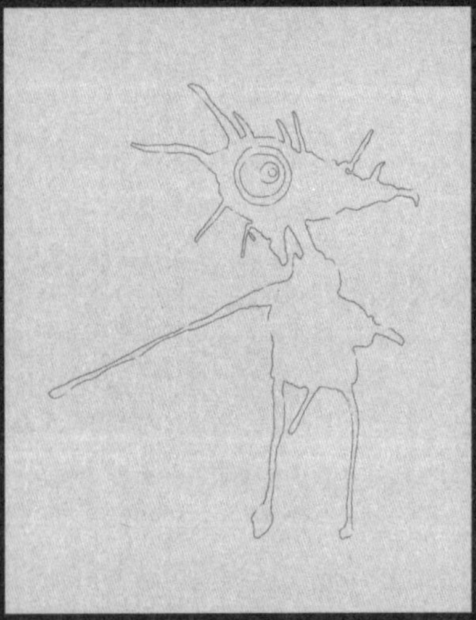

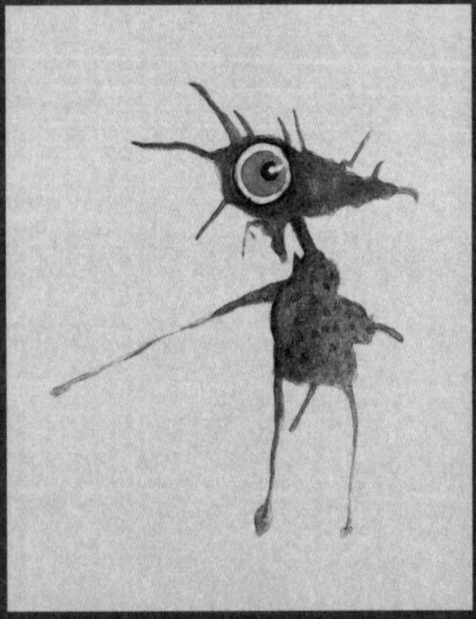

这只怪鸟，还算可爱。画面水分未干，我把速写本摊开，也放在矮墙上，索性和衣服放在一起晾晒。当把衣服上的鸟粪转化成形态神奇的鸟，我心中的怨气也慢慢地消了。

晾晒衣服的间隙，我又在院子周围查看。发现自己每天路过的地方，有的是各式各样的鸟粪，我竟从未留意过。这让我一下子来了兴致，还未等本子干透，就开始继续搜寻地上的鸟粪，把它们画成形态各异的鸟。这些鸟应该有个名字，我就叫它们便形鸟吧。

从另一个角度去看待最平常的，甚至是丑陋的事物，却启发了自己去创造一个多姿多彩的世界，这让我的内心获得极大的满足，享受到非凡的乐趣。正如我每次面对一摊鸟粪和一张白纸，总有无限期待——这些鸟儿都是真实存在的，只是因为某种原因，暂时昏厥，等我画出，待我复活。

每画成一只，自己都惊喜不已。这种创作激发的愉悦，犹如珍藏之物，失而复得。

就这样，越画越多，欲罢不能。至今，已经画了 300 多只。

我没有用固定的画材和方法，风格也不必拘泥于写实，只要有纸笔，随时随地可以作画。我常想先画个大概，待回到画桌再细细琢磨。但是，每当我修饰得过于逼真，这些便形鸟就如标本一般了——少了生动和活泼，我也没了发现之初的那份激动。在那种灵感迸发稍纵即逝的紧张氛围下，方才画得出的神态和活力，无需过多去刻画。因此，我也基本保持笔记本上写生的样子。

便形鸟的形象惹人喜爱，我在朋友的帮助下，做了一组便形鸟的雕塑，当把他们置于草丛瓦砾中，远远看过去，别有一番趣味。

复活的便形鸟就像是我的秘密，前后创作四年，也保密了四年。便形鸟很少被拿出示人，我就像在从事地下工作。鸟儿们，大概是缘于信任，才会单单让我发现，点亮我的内心，这份馈赠无限珍贵。

这本《便形鸟》真正的出版缘起，是在 2016 年底。12 月的一天，南京很冷，我正躲在一个背风的墙角画便形鸟。一位妈妈领着小男孩路过。孩子看我在画画，好奇地跑了过来。速写本上的各种怪鸟，让他非常兴奋，问了我很多奇怪的问题，我便顺口编一些故事给他听。孩子的妈妈这时也凑过来，问我在校园里怎么会有这样的鸟？她猜我是瞎画的，我回答是想象的。她又问，如果是凭空想象的，干嘛大冷天蹲在墙脚？我看了一眼脚旁的鸟粪，欲言又止——大人的问题，其实比孩子的，更令人难以回答。我抬起头望着远方，鸟已经飞走了。

孩子很失望，问我明天是否可以带他一起去观察鸟，并仰头看着妈妈，在寻求同意。妈妈没有答应，只是催促孩子赶紧回去做作业，做完作业还要学钢琴——哪有时间去找怪鸟，怪鸟都是骗人的。

小男孩很失望，被妈妈连拖带拽向校门口走去，几步一回头。

小男孩的目光，我至今难以忘怀。我决定把自己画的便形鸟结集成册，希望更多为人父母的大人能够看到。希望他们能抽些时间，陪着孩子一起去寻找便形鸟。这不需要长途跋涉，也不需要一掷千金。

接下来，我会再写一本《复活一只便形鸟》，送给拥有好奇心的孩子们。毕加索说过，每一个孩子都是艺术家，问题是如何在长大后仍保有这份天赋。我希望每一个即将长大的孩子或曾经是孩子的大人，还能保有好奇。好奇心珍贵并不昂贵，只要放慢脚步，静下心来，尝试去注目身边平常微小的事物，这便能够触发无限灵感——好奇心和想象力，本身就是一种才能！

回想 2014 年，我虽然错过了莫奈的《睡莲》，却自此拥有了 300 多只便形鸟。我的内心是满足的。

便形鸟，因形就势，形便也。从鸟粪到便形鸟，这个名字也表明了我的创意理念——随物赋形，便宜行事。

朱赢椿

2017 年 9 月于随园书坊

2014 年 –2017 年朱赢椿写生便形鸟手稿本

图书在版编目(CIP)数据

便形鸟 / 朱赢椿著 .
— 桂林：广西师范大学出版社，2017.9（2018.7 重印）
ISBN 978-7-5598-0181-4
Ⅰ．①便… Ⅱ．①朱… Ⅲ．①绘画－作品集－中国－现代
Ⅳ．① J229

中国版本图书馆 CIP 数据核字 (2017) 第 208316 号

广西师范大学出版社出版发行
广西桂林市五里店路9号 邮政编码：541004
网址：www.bbtpress.com

出版人：张艺兵
全国新华书店经销
发行热线：010-64284815
上海雅昌艺术印刷有限公司印刷

开本：880mm×1230mm 1/32
印张：9 字数：10千字 图片：186幅
2017年9月第1版 2018年7月第2次印刷
定价：138.00元

如发现印装质量问题，影响阅读，请与印刷厂联系调换。

作者提示：

任何情况下，请勿直接触碰便形鸟及其原型。

注意卫生，预防病菌。

责任编辑：马步匀　　英文翻译：梅丹理

书籍设计：朱赢椿　皇甫珊珊

官方微博：@ 理想国 imaginist　官方微信：理想国 imaginist　www.ilixiangguo.com

◀ 开启封条，揭秘变形鸟。

便形鸟
CACAFORM BIRDS
揭秘
CHAPTER Ⅲ KEY

◀ Open the seal, revealing the world of Cacaform Birds.

请按示例图顺序，完成《便形鸟·影像》和《便形鸟·图谱》部分阅读。

开启《便形鸟·揭秘》部分。

If you follow the instruction above to read this book and completed Images and Catalogue.

Please open the Chapter Ⅲ .

便形鸟图谱 贰

朱赢椿

广西师范大学出版社·桂林·

便形鸟图谱 序

便形鸟，生于天地，不在五虫之列。成于道旁，常惧足履车马之踏。俯首可见，不足为奇；落于衣冠，屡遭咒骂。

便形鸟，形态万千，性情各异。貌美俊秀者有之，瞋目獠牙者有之；心地善良者有之，性格乖戾者有之；生性好动者有之，懒怠嗜睡者有之。便形鸟与人，若即若离。爱人之聪慧，忌人之狡黠。

便形鸟，虽变化多端，欲觅其踪迹，却非难事。不必寻山访水，攀险峰峻岭，探幽冥深渊。亦无需特别手段，特殊器材。唯寻常日，平心定

气，缓步徐行，解脱身心羁绊，寻回孩童兴味。

便形鸟则自然现身于墙角道旁，草丛瓦砾之间。

数量几许，形状几何，视观者心境。

便形鸟，经籍不可考，山海经、禽虫典、海错图等未有记载，亦不在东洋志妖，西洋志怪中。

余之图志，始于二〇一四年初夏，观察、收集、绘画历经三载，今已成三百余幅。据各自鸟之形态命名，今择取部分汇集成册，以飨读者。诸君若从中悟出造化之神奇，画艺之妙义，余欣慰之至。

朱赢椿

二零一七年九月记于金陵随园书坊

目录

序 〇〇二
颉颃 〇〇七
探赜 〇〇八
诋讥 〇一〇
茕 〇一一
啮山 〇一二
一足 〇一五
玄目 〇一六
瘅恶 〇一七
驱魇 〇一八
照空 〇二一
形陋 〇二二
娇喋 〇二三
骇然 〇二五
逐奇 〇二七
喜暗 〇二八
厌明 〇二九
剔梳 〇三一
穿窬 〇三三
应声答 〇三四
悬浮 〇三五
退飞 〇三六
衔羽 〇三七
[illegible] 〇三八
觉浪 〇四一
四目 〇四三
栖惶 〇四四
凸目獠牙 〇四五
眄 〇四六
吟霞 〇四八
吐纳 〇四九
[illegible][illegible] 〇五一
四首 〇五二
松上 〇五三
洗羽 〇五四
闻风 〇五五
偄缓 〇五六

驴鸣 〇五七
巽懦 〇五八
纵意 〇五九
玄默 〇六〇
守株 〇六二
良直 〇六三
扑散 〇六三
延颈悲鸣 〇六四
含愁 〇六四
根移 〇六五
空桑 〇六六
刍荛能见 〇六六
奇节 〇六七
涕泣 〇六九
猥獾 〇七〇
大喜 〇七一
恐疑 〇七三
嘉辞 〇七四
恻怛 〇七五
脊 〇七七
绿瞳 〇七八
揣歪 〇七九
毷氉 〇八一
形瘱 〇八二
训虫 〇八三
渥恩 〇八四
捶挞 〇八五
趻踔 〇八六
微吟廉纤 〇八七
招怫 〇八九
赋形 〇九〇
缅邈 〇九一
弥缝 〇九二
婉绮 〇九四
摛藻 〇九五
悲号 〇九六
走 〇九七
藏面 〇九九

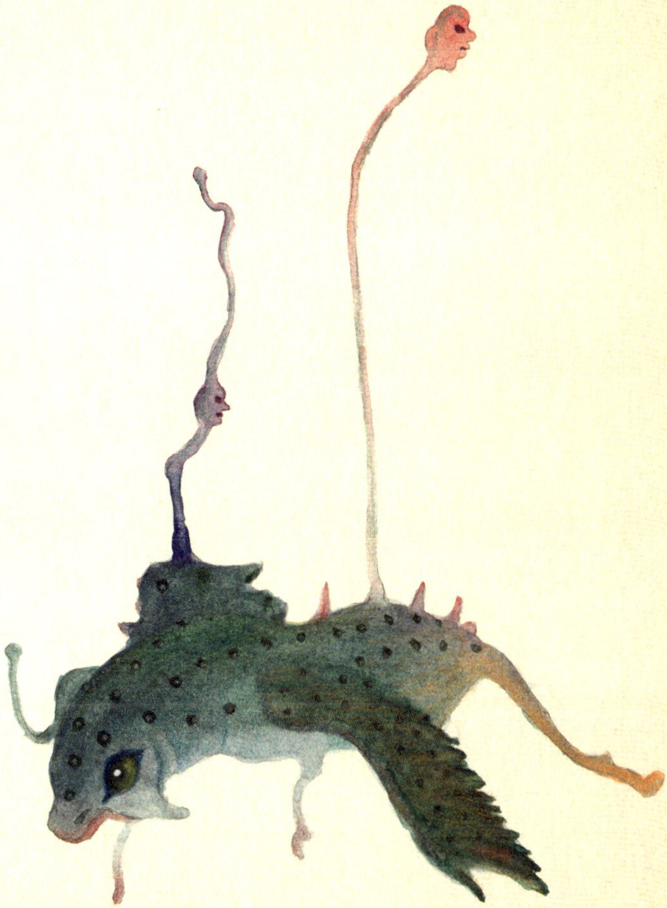

颉颃

［音协杭］

上天入海，来去自如。背部有人形立柱，可自由摇摆。

其鸣轻柔婉转，似长歌短吟。

探赜

［音责］

双首。小首，喙尖且利，善叼咬捕虫。大首，喙长且柔，能探罅隙。善鸣，声如鸡鸣犬吠。

诋讥

上喙朝天，曲颈如鹅。鸟趾前短后长，善逆行。
遇人常发嘲笑之声。

艽

［音穷］

角似鹿，足如虎。生性依人，不喜独处。

啮山

［音聂］

前后各有一首，前大而后小。前首耳角一体，面庞左右各异。齿如钳，可咬合，翅退化，不能飞。常啃噬山石，磨牙砺齿。

啮：咬

一足

下颚生有一足，以尾抵地，进食甚少，惰于行动，常白眼示人，唯喜红颈鸟伴其左右。

玄目

背上生有一鸟一怪，善发声，此起而彼伏。时而喜极而涕，时而破涕为笑，难以捉摸。

瘅恶

[音旦]

常伏地打盹，觉轻易醒。每受惊扰，则翻转其尾，变为鸟首，虚张声势。

瘅：憎恨

驱魇

背上驮黑色小怪，穿窗透壁，往来于室内户外。

其鸣刺耳，常惊醒噩梦中人。

照空

单尾双翅三足，颈后有火喷出，烈焰熊熊。

常于午夜出现，所到之处亮如白昼。

形陋

鼻长似尾，门齿如刃。尾复生首，形象丑陋，却为夜行人之守护神。

娇喋

喜隐于山石草丛间，学女子娇柔喘息，待男子循声而至，则现其陋相，嗤笑不已。

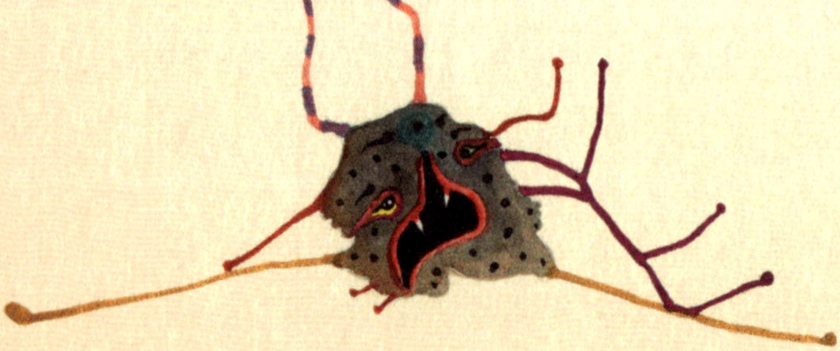

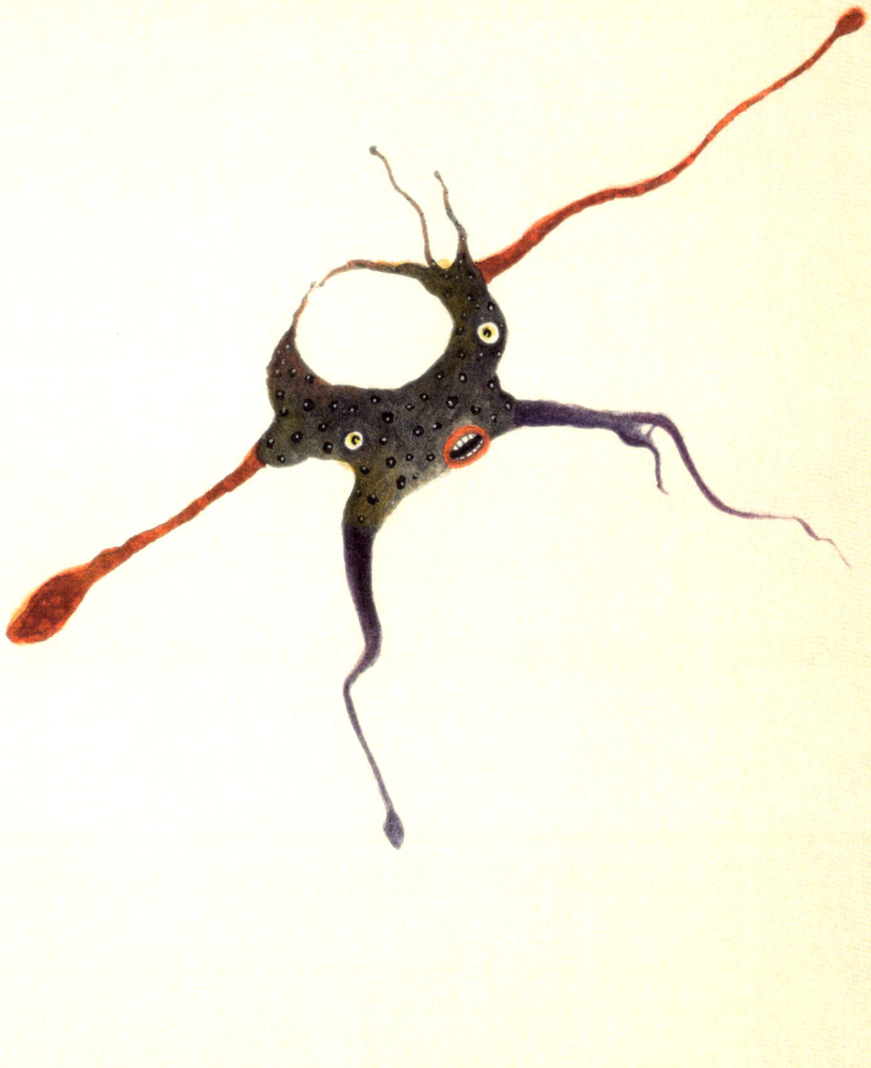

骇然

声叫似人，其貌怪异。上额凹陷，翅如血染。

常自高空急坠，忽现人前，故作惊骇状，见者战栗。

逐奇

角耳相连，尾细纤长。后翅如腿，极擅奔跑。

喜逐雏鸟幼兽，戏而不食，惟好奇尔。

喜暗

厌光，视之如仇敌。昼伏夜出，双目炯炯。常展翅竖尾，作蔽月拂星状。遇人则惊恐慌张。

厌明

见光则头晕目眩。如逢皓月当空，则彻夜哀鸣，以喙频叩屋脊。

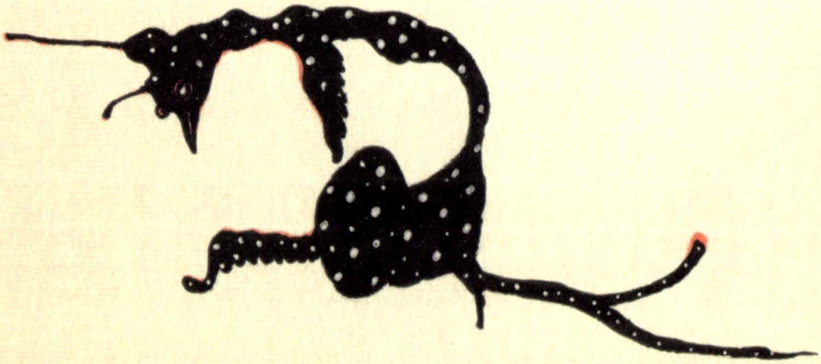

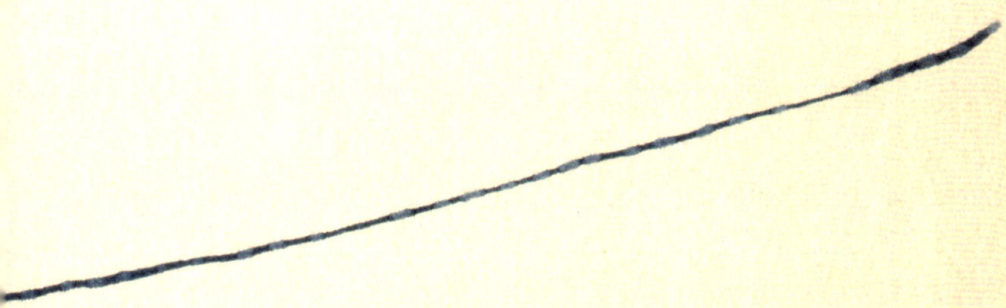

剔梳

喜洁成癖，常于阳光之下，剔毛梳羽，专心致志，少鸣寡语。

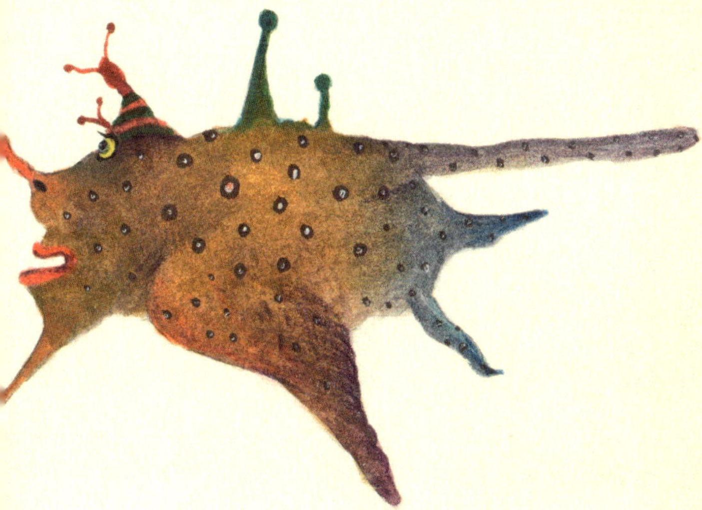

穿窬 [音余]

面似人形，鼻孔朝天，反颌兜齿，口不能合。须臾之间，化为鸟形。常穿墙透壁，盗小童袜帽，戴于两耳。

窬：门旁圭形小洞

应声答

鸣如婴儿，每闻人语，则应声接话。其音易辩，其形难觅。

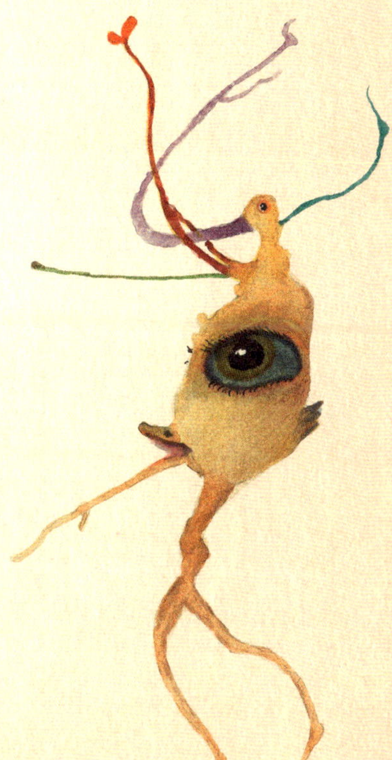

悬浮

双目圆睁，翅足舒展，喜浮悬空中，随风飘移。

退飞

尾短，翅长，足无力，遇风则退缩不进。其鸣如哨。

衔羽

常两足交叉站立，厌飞。终日口中衔羽，不鸣。

嚭 [音匹]

鸟首兽身。翅退化，擅奔跑跳跃，常捕捉水鸟。

嚭：大

觉浪 [音决]

其形如鱼，鸣如婴啼，喜结伴逐浪而飞。

四目

有眼两对，视力甚强。常携小兽于高空盘旋，未见其食，或与之嬉戏。

栖惶

翅退化，不能飞。极敏感，易受惊。

多愁善感，喜与人伴。

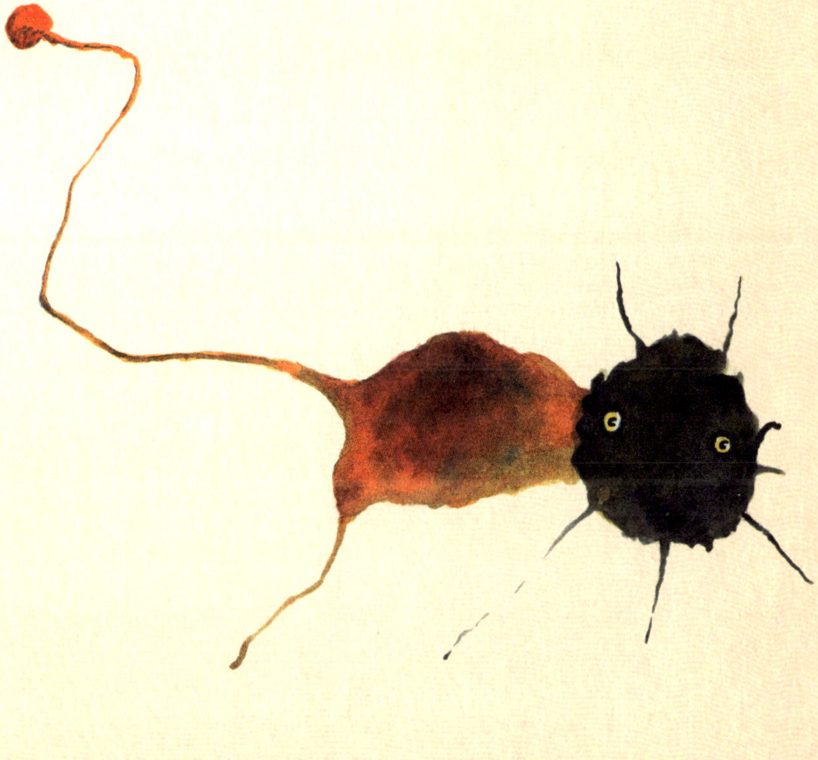

凸目獠牙

栖于残垣断壁间，头大体细，不能疾走。好虚张声势，忽而仰天长啸，声冲云霄。

[音面]

眄

身形臃肿，通体污秽。顶生一喙，能吃能叫。

颈侧有一大口，常以唾沫射人，狂笑不已。

吟霞

两耳伸长，化为曲颈之鸟。尤喜沐浴晚霞，鸣于广袤无垠之野，声传数十里，引来百鸟相随左右。

吐纳

常飞行于湖畔竹林间，背上有羽似人形，乘风吐纳。

叆叇【音爱戴】

能穿云透雾。无定形，声如虎。

四首

象鼻汲水，猿嘴进食。鸟喙梳羽，人口报警。善走，厌飞。

松上

厌卧杂草之间，喜栖松树之巅。饥食松果，渴饮雨露。鸣叫不辍，如诵经文。

洗羽

眼睑上方有胭脂一抹。头顶双角，摇晃不止。喜洁好净，甚惜其羽。常置风雨寒暑不顾，终日临水照影。

闻风

常于花棚草径，柳堤瓜架间逆风而飞，敛翅侧耳，御风为乐。

偄缓

［音软］

其状如鸡，其声如羊。生性腼腆温柔，举止谨小慎微。喜在花草杂树间漫步。

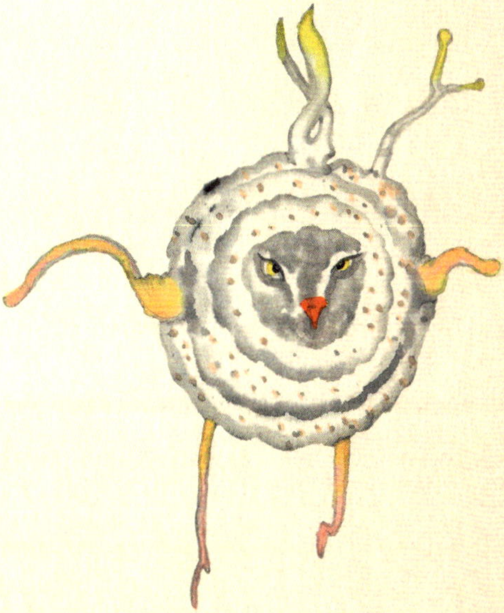

偄：懦弱

驴鸣

头两侧有触角，眼耳皆在其上。上颚生利齿，无下颌。以杂草野果为食，食量大，腹浑圆。常振翅朝天大叫，声如驴鸣。

巽［音迅］懦

眼口隐而不显。终日沉默不鸣，胆小憨厚，常为雏鸟戏弄。

纵意

长鼻如象，喜喧爱噪，常出没于闹市上空。

玄默

常以植物形态现于山野，默默然，有香气。

守株

形似矮树，鸟身幻化为叶，终生栖树不离。

良直

半人半鱼，躯干中直。茗香，有雏鸟伴其左右。

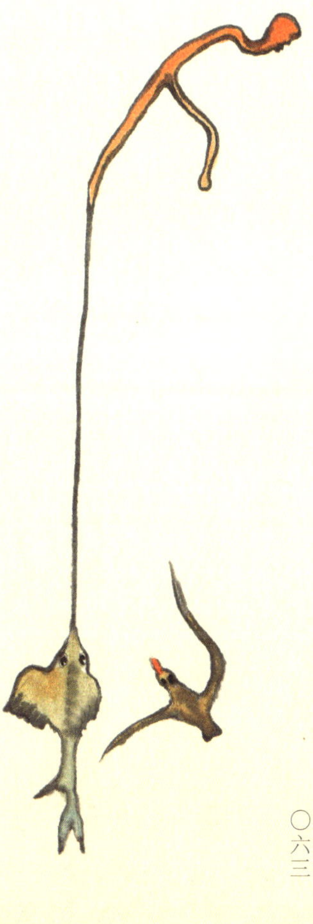

扑散

枝头为鸟形，枝干弯曲如弓，有弹性。

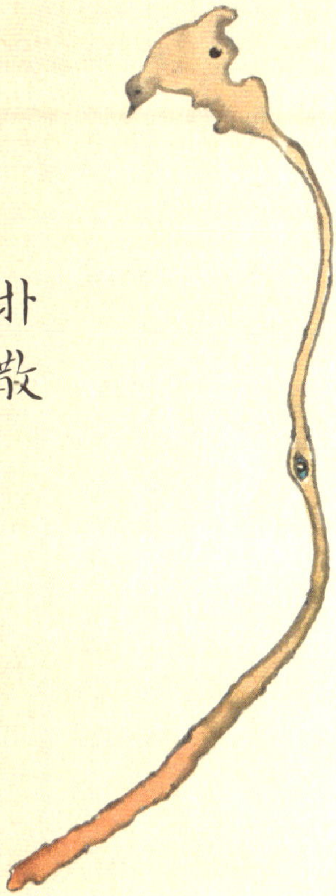

延颈悲鸣

长颈，伸缩自如，两端有头。常浮于半空，哀嚎悲鸣。

含愁

枝干多节，上有秋叶如人面。

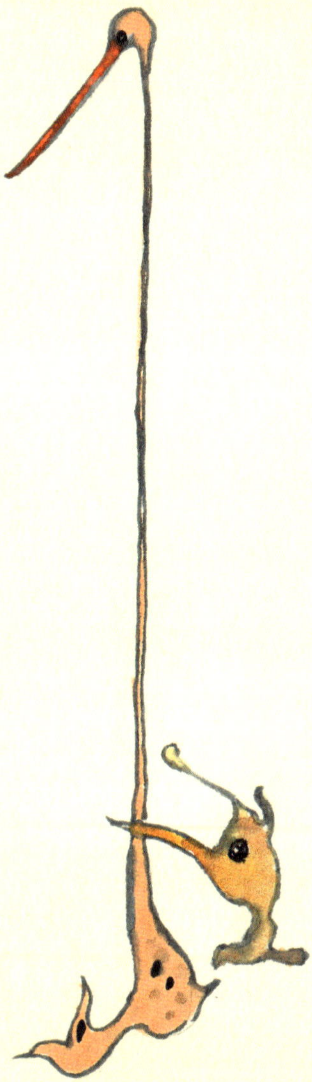

根移

根部奇异，不入土，常在半空飘忽不定。

空桑

枝形如鸟，无花无果，无色无味。

刍荛能见

〔音除饶〕

头顶如叶衬花，形如兽，藏于深山悬崖。

刍荛：割草打柴的人

奇节

关节处，状如鸟首。

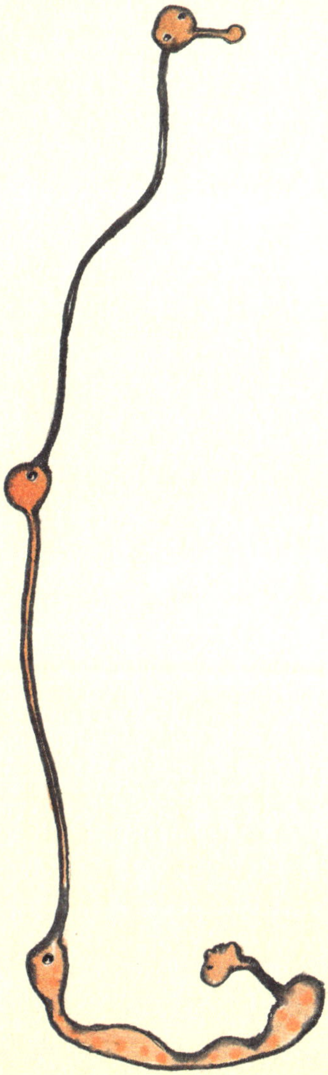

涕泣

生性多愁，其声如泣。晨伏墙脚，暮藏草丛，哀鸣不已。

猥㺔

［音委崔］

赤首无羽，目露凶光。尾分红绿两色，末有弯钩。常与人争食，一旦得逞则高竖其尾，洋洋自得。

大喜

六眼，狂奔时张嘴大笑，声如马嘶。

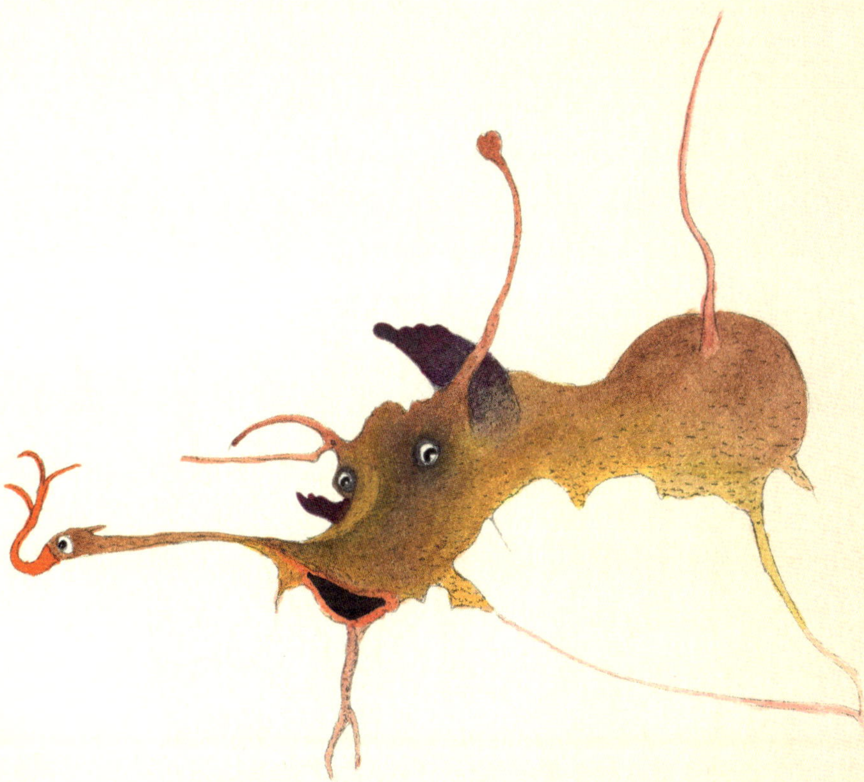

恐疑

低飞，不能疾走。体大，胆小如鼠，易惊多疑，眠不闭目。遇牛马羊群，则大声呼号。

嘉辞

栖息之时，必择花团锦簇之地，以置其尾。每遇红萤翠蝶，则以喙亲之。

㤢怛 [音达]

青草蔬果为食，其鸣如虫。

亦常听任小虫爬行其长喙，以此为乐。

瞀［音冒］

面目狰狞，好争地盘，二鸟相遇，则呼号撕咬，霎时群鸟喋声，天为之变。

绿瞳

尾生鸟首，目似翡翠，喜伴古怪精灵。

揣歪

常竖其尾，似枯枝站立不动，每有鸟来栖，尾忽倒下，鸟则惊恐而散。亦喜立于道旁，常以尾绊人取乐。

毷氉【音冒臊】

叫声如猫，亦作鸟鸣，终日烦闷焦躁，

尤喜夜晚穿梭往来于树丛竹林间，一刻不宁。

形痰

前后两首，进退无需转头。以吐痰为乐，常化其痰为怪兽形状。

训虫

常叼虫高抛，虫将落地，则俯冲衔起，复抛空中，循环往复，乐此不疲。日久，虫背渐生翅。

渥恩

勤恳敦厚，忍辱负重。

常有鸟与小兽借其背歇脚。

捶挞

背负一人二兽，常因旧事懊恼，背上之人手脚并用，捶挞腹背，作自虐状。

跉踔

［音辰（三声），戳］

头似犬，鸣如猫。翅退化，跃如飞。

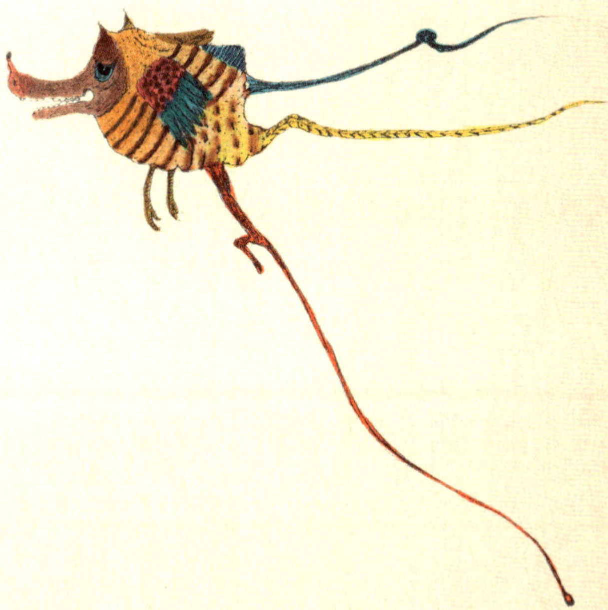

微吟廉纤

身形弯转如环。其鸣婉转成曲，
微雨后，常在水面嬉戏。

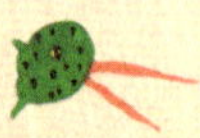

招㹃［音服］

头似狐，鸣如歌。摇头摆尾，喜抛媚眼，愈招嫉恨，愈是窃喜。

赋形

爱喧闹，喜近人。擅学人言，仿人举止。

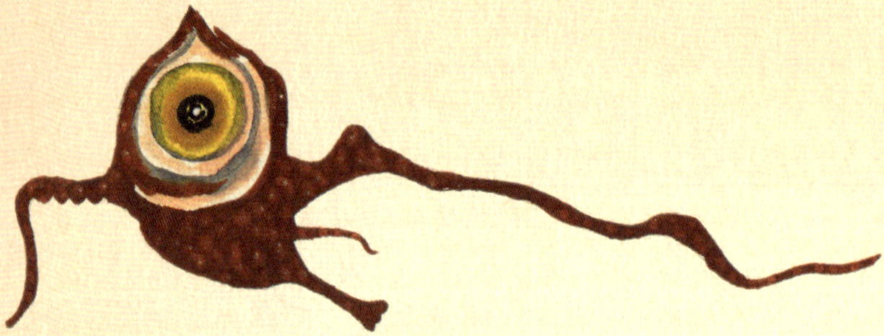

缅邈［音免淼］

独眼，无足。恒迁徙，不知疲。

弥缝

翅退化，腿矮短，尾粗且长，躯干可自由伸缩。背部有一异形凸起。每见石隙树缝，必张其躯干，欲以覆盖，亦常潜入水中。

婉绮

［音启］

未见其影，已闻其鸣。常在似锦繁花中比翼双飞。

所过之处，百花失色，凋落成堆。

摛藻〔音痴〕

喜窃读人书，鸣如人，声朗朗，如吟诗催晓。

常有赤鸟相伴，为其梳理羽冠。

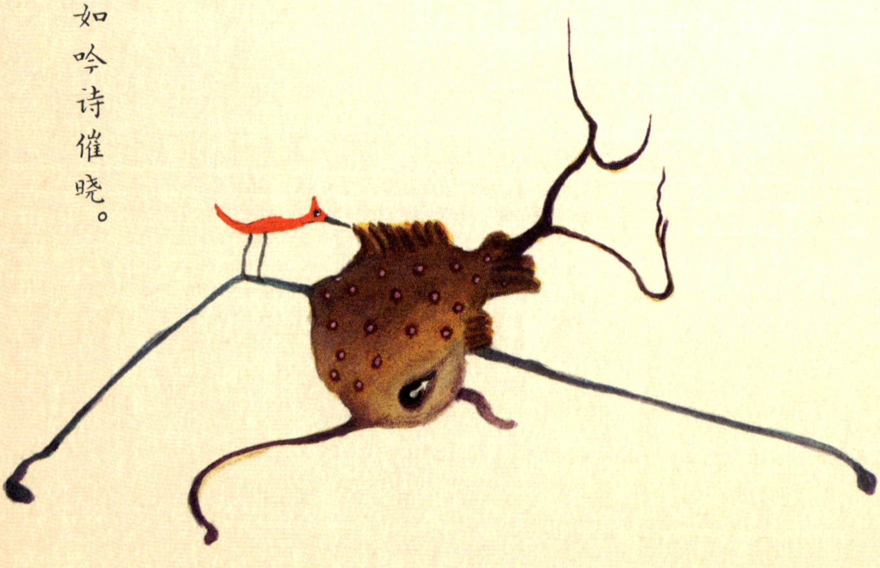

悲号

四目，口在鼻之上。常于水岸边，僻静处哀嚎不已，如有人循声走近，则入水逃匿。

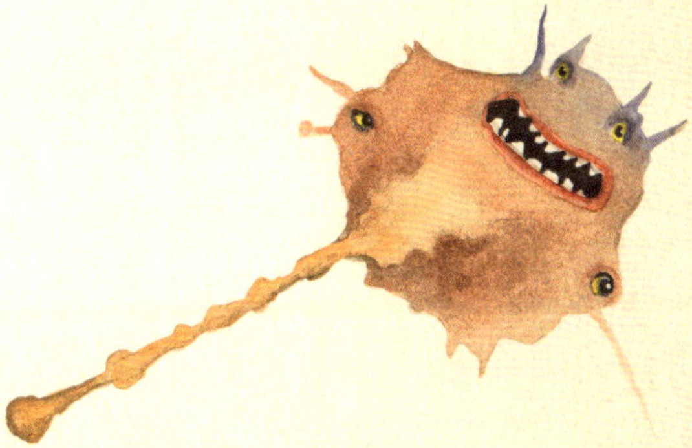

辵 [音辍]

擅攀爬，喜倒挂，夜晚常踞屋顶，与脊兽为伴。

或奔走跳跃不息，或呆立不动良久。

藏面

[音仓（二声）]

生性孤僻，沉默不鸣，头戴面具，

无人知其相貌，喜午夜出没。

须臾【音虚余】

羽毛如鳞翅，昼夜交替，色彩变幻无穷。

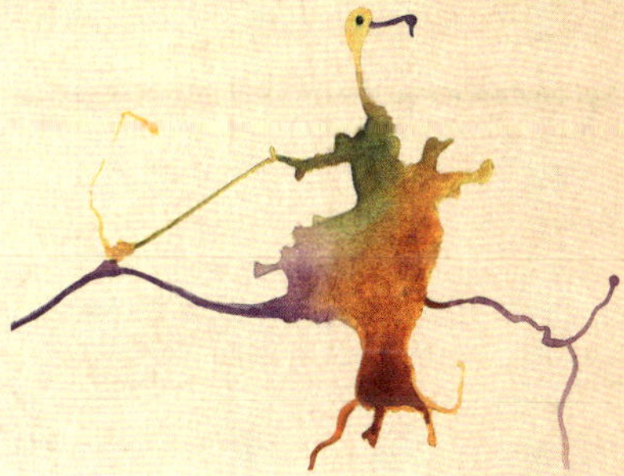

鸳怨

喙长似钩，羽艳如霓，声如泣，性似鸳鸯。

昃鸣【音仄】

晨曦而眠，黄昏而起。每有晚霞，向日而鸣。

昃：日西斜

凵鸡

[音注]

羽色洁白，有纵斑，尾羽长，常栖低洼处。

凵：低洼的地方

勍

[音晴]

躯体健硕，搏击有力。

勍：强有力

蚓狺

[音银]

鸟首鱼身，龟背虫尾。

狺：犬吠声

哢［音龙（二声）］

体态纤小，人难察觉。不鸣则已，一鸣惊人。

哢：鸟叫声

抻喙

喙如针，可伸缩。目如珠，能辨微。

䁘［音溜］

双目分两侧，大小不一，不能直视。

留：斗见

乐绹［音勒陶］

有足无爪，纤细修长。独自不能飞，常附它鸟上。

不䁪［音斩］

有翅，不能飞。面如猫，喜夜行。

䁪：眨眼

啰唣［音罗皂］

珠光羽，管形喙。喜窗镜，鸣刺耳。

啰唣：吵闹

瞽［音古］

足大，腿短，
不能行。有眼，
无珠，不能视。

嚖哕［音会会］

体型小，
体被鳞状羽，
鸣如鸾声哕哕。

翯［音赫］

白羽墨纹，
体态轻盈，
生性腼腆。

姜蜀

多足，爬行。
单翅，厌飞。
戚戚然，常哀嚎。

抛饵

喙末复生一喙，常做诱饵。

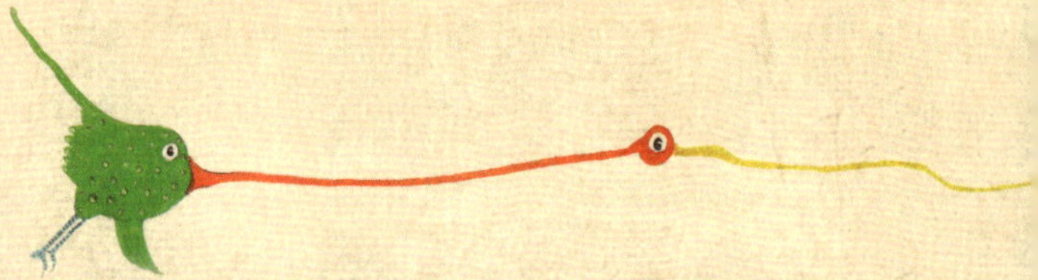

⿰目古 【音古】

头似鸮，四目，常愤恨而鸣。

⿰目古：瞪大眼睛表示不满

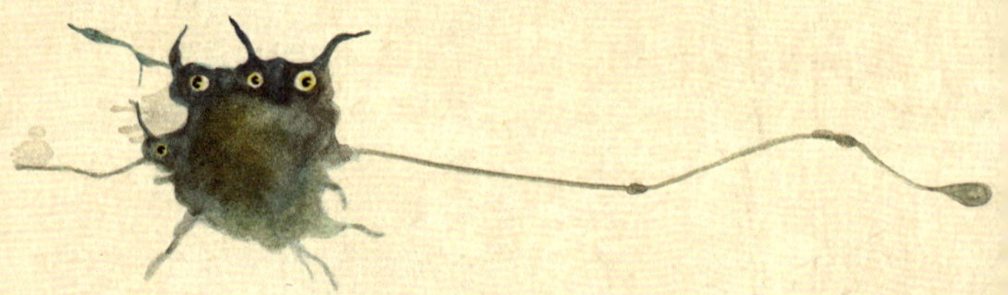

呱哒 【音瓜搭】

颈似鹅，尾似蚋。每遇危机，声叫如其名。

煛 【音炯】

形瘦弱，喜日光。骄阳似火之时，则逆光起舞。

煛：日光

无名之便形鸟

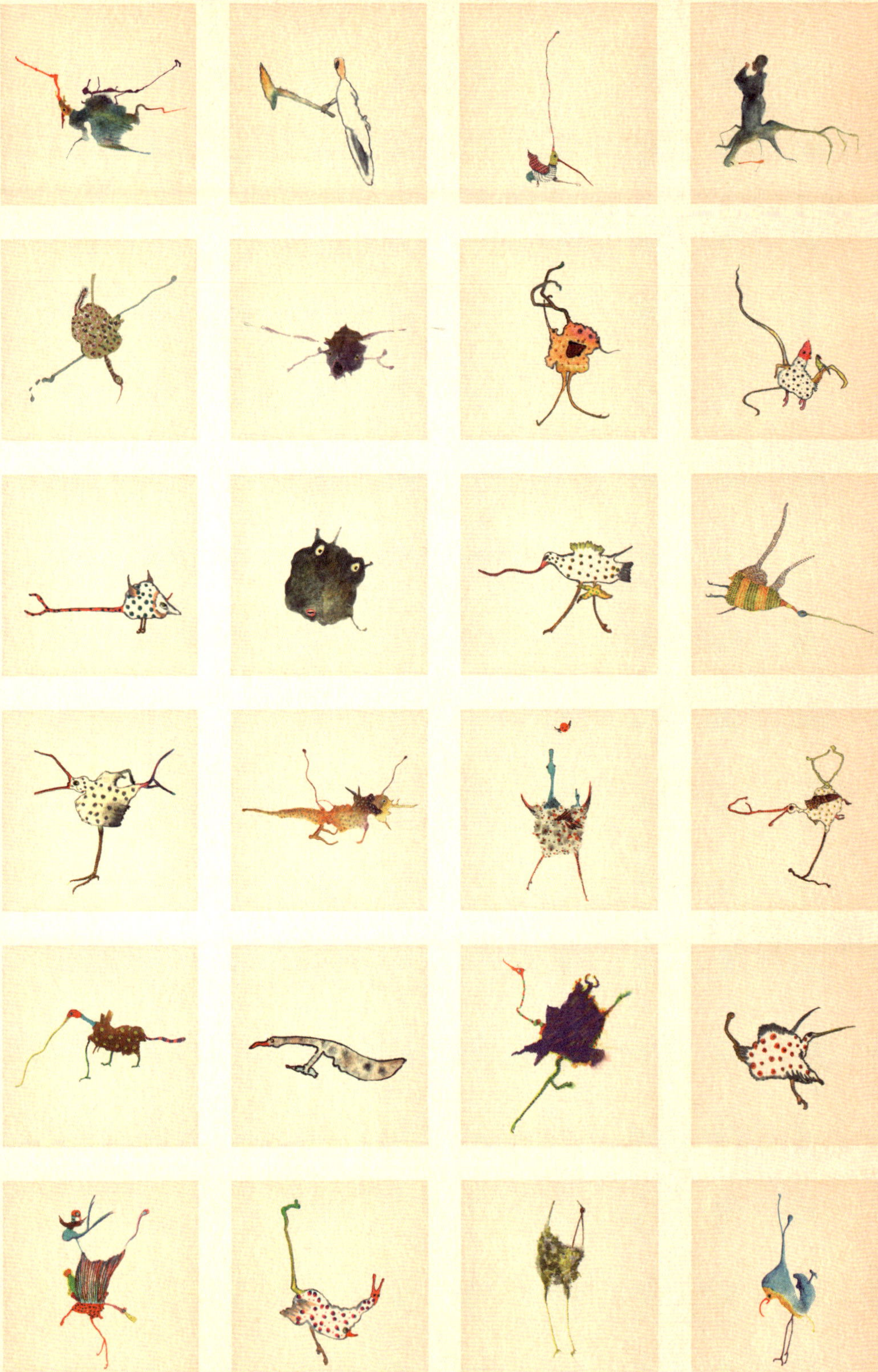

无名之便形鸟

无名之便形鸟

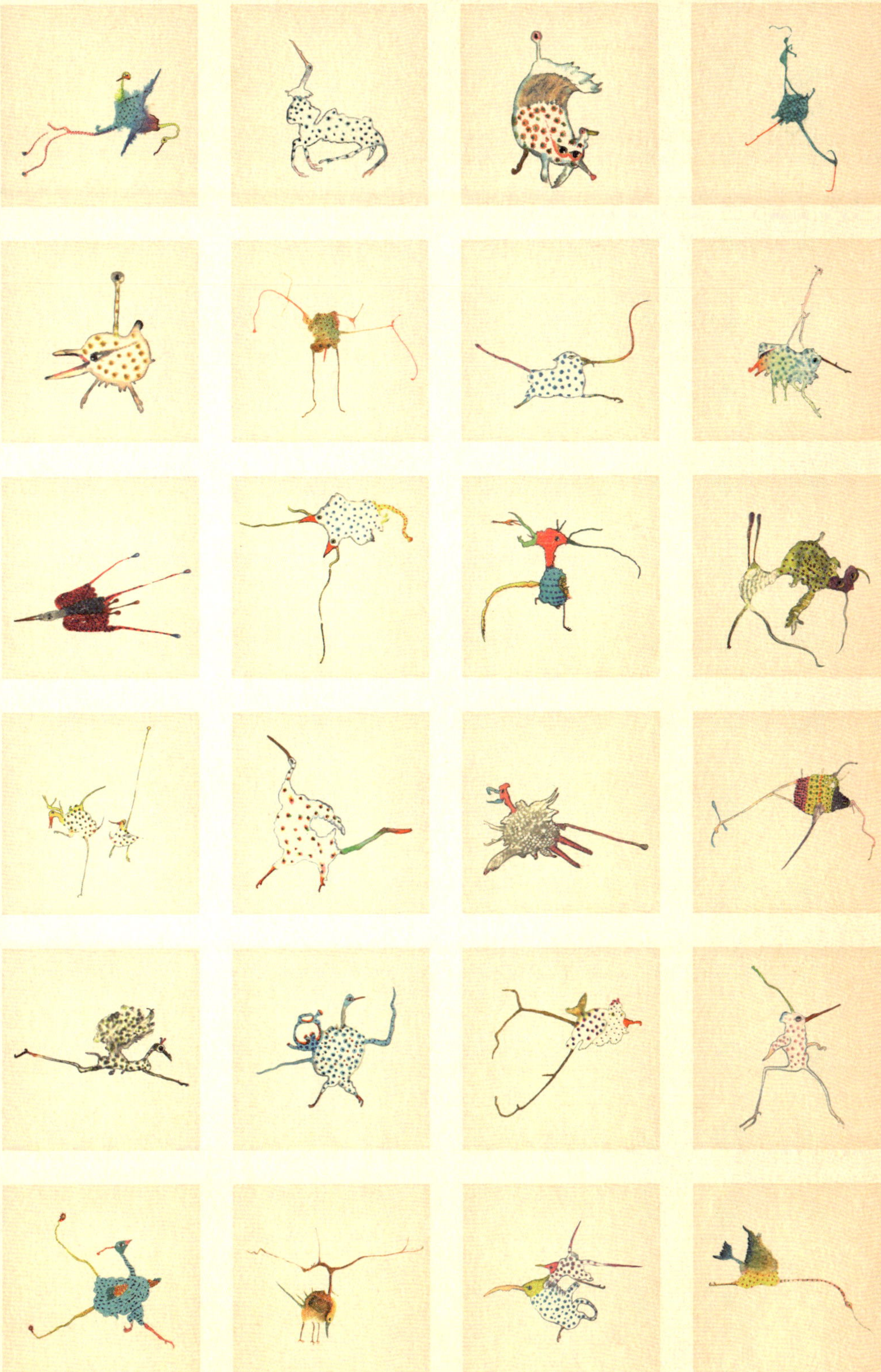

无名之便形鸟